回归后澳门非高等教育课程改革与发展

贺 诚○著

中国教育出版传媒集团
人民教育出版社
·北京·

图书在版编目（CIP）数据

回归后澳门非高等教育课程改革与发展 / 贺诚著 . — 北京 : 人民教育出版社 , 2022.11

ISBN 978-7-107-37125-7

Ⅰ . ①回… Ⅱ . ①贺… Ⅲ . ①地方教育—教育改革—研究—澳门 Ⅳ . ① G527.659

中国版本图书馆 CIP 数据核字（2022）第 215664 号

回归后澳门非高等教育课程改革与发展

出版发行 人民教育出版社
（北京市海淀区中关村南大街 17 号院 1 号楼　邮编：100081）
网　址 http://www.pep.com.cn
经　销 全国新华书店
印　刷 北京盛通印刷股份有限公司
版　次 2022 年 11 月第 1 版
印　次 2023 年 1 月第 1 次印刷
开　本 787 毫米 ×1092 毫米 1/16
印　张 16.25
字　数 191 千字
定　价 48.00 元

回歸後澳门非高等教育
课程改革与發展

顾明遠題签

顾明遠

贺诚，毕业于浙江大学教育管理专业，研究生学历，暨南大学华语传播与华文教育博士学位，研究方向为语文课程教学论、学校管理与发展、海峡两岸暨港澳课程教育之比较研究。

长期从事中小学语文教学和学校管理工作，获享受国务院特殊津贴专家等荣誉称号。

现任澳门教业中学校长。兼任浙江师范大学客座教授，中国教育学会小学教育专业委员会副理事长、高中教育专业委员会常务理事，中华国际文凭学校协会（CISA）副会长，澳门中华教育会副监事长，澳门中华优秀传统文化协会副会长，香港优才及专才协会教育委员会名誉会长等。

主要著作有《引导—发现语文教学法》等四部，录制音像制品《中国名师·贺诚卷》。近年在《人民教育》《中小学管理》《光明日报》《澳门日报》等报刊发表多篇论文，在海峡两岸暨港澳多家高校开设课程教学讲座，应邀在教育部港澳台办“华夏园丁大联欢”、新学说“VIS 国际学校发展大会”等多场教育论坛上担任演讲嘉宾。

序一

转眼之间，认识贺诚校长已有十余个年头。贺校长一直热心教育事业，尤其是把课程建设作为推动学校教育发展、提升教育质量的核心；近年来带领澳门教业中学开展不同层面的课程发展工作。作为首批试行澳门特区《本地学制正规教育课程框架》(以下简称《课程框架》)与《本地学制正规教育基本学力要求》(以下简称“基本学力要求”)、参与幼儿至高中教育阶段“课程发展先导计划”的学校之一，教业中学率先探索、累积、分享课程改革的实施经验，试用特区政府出版的教材，以及导入国际性课程等，致力推动课堂教学的创新。在此过程中，贺校长亲力亲为，积极努力。

欣闻贺校长以“回归后澳门非高等教育课程改革与发展研究”为题，完成博士学位论文，并在此基础上进行修改，予以正式出版，本人表示衷心祝贺!

特区政府成立二十多年来，澳门非高等教育在多个领域取得了长足发展。其中，建立《课程框架》及“基本学力要求”的地区课程纲领体制，推动学校落实课程改革，以及相关的教材研发、教师专业发展、课程管理及评核制度建设等，都对提升澳门非高等教育的质量起着至关重要的作用。

贺校长的博士专题研究，梳理了澳门在回归后开展的首轮非高等教育课程改革的内涵和经验，在立足澳门教育发展历史脉络的基础上，提出了具有澳门特色的课程发展建议，为教育同人进行课程研究，开展不同层面的课程发展工作，提供了学术基础。

在回归后首轮课程改革已全面落实之际，特区政府正积极谋划本澳下一阶段的教育发展，包括培养学生的家国情怀和国际视野，发展学生的软实力，提升学生的幸福感，以及加强创意与科技教育等。

期望贺校长借此次研究的宝贵经验，继续为本澳下一阶段的教育与课程发展注入动力，为本澳培养更多优秀人才。

澳门特区政府教育及青年发展局局长 老柏生

2021 年 6 月 11 日

序二

从16世纪中叶开埠到现在，400多年东西方文化的融合共存，使澳门成为一个风貌独特的城市，社会运行也有许多自己的规则和习惯。30多平方千米的土地上生活着60多万居民，澳门是世界上人口密度最大的城市之一。

说起生活，绕不开教育。教育与每一个家庭休戚相关，既是家庭的生存之本，也寄托着家庭未来的希望；教育与社会经济密切关联，既囿于社会经济基础，又引领社会经济发展。

如果你想了解澳门非高等教育的历史和现状，把握回归后澳门非高等教育课程改革的轨迹和成效，贺诚所著的这本书，值得推荐。

下面谈谈我对这本书的几点印象，算是读后感吧。

第一，这本书对澳门非高等教育的历史进行了准确的梳理，概括总结了回归前澳门非高等教育课程的特点及其成因。

澳门回归之前，除官办学校有些要求（如教师入职资格等）外，华人创办的学校（占澳门非高等教育学校数90%以上）长期处于“自由教育”的状态，澳葡当局基本采取放任的态度。正因如此，各私立学校在办学实体、办学理念上存在差异，学制、课程、教材等也各行其是，于是呈现出一幅有趣的图景：教育生态“多元、包容、共存”，课程现象“混杂、散乱、无序”。此外，私立学校教师入职标准和职业发展不受重视，且待遇低下，因而导致教师社会地位不高，学校难以吸纳优秀人才。

优质教育是任何个人、家庭、学校和教育主管机构都追求的目标。随着全球交往的日益频繁，外埠的教育模式和育人成效毫无疑问将冲击澳门现行的教育秩序。

澳门回归前后，教育界人士和社会有识之士意识到教育现代化的重要，开始思考和设计澳门非高等教育（当然也包括高等教育）的未来之路。

澳门首任行政长官何厚铧说过："澳门全面、持续的进步取决于公民素质，公民素质取决于教育。回归以后，随着社会的演变，澳门要成功接受未来的各种考验，教育事业必须有所突破。"可以说，公民素质的高低与其接受的教育质量息息相关。

第二，书中对回归后澳门特区政府在非高等教育课程改革上所作努力进行了总结，正面评价了多个法律文件和政策措施。

进入 21 世纪，澳门特区政府和教育界精英们通力合作，共同绘制了未来澳门非高等教育发展的宏伟蓝图，并以政策法规的形式予以推行，力度之大，站位之高，前所未有。澳门教育发展迎来了历史最佳机遇。

特区政府从 2003 年开始对非高等教育进行了全方位的改革，涵盖从幼儿教育到高中教育整个体系，涉及教育目标、课程与教学、学制、评核制度、教学人员制度等各个领域。既然教育发展目标已从"量"向"质"转变，作为教育核心要素之一的课程与教学也应进行相应改革，为优质教育提供实践支持。

这就好比我们确定了健康的标准，接下来就需要进行合理的营养安排，如哪些是必备的核心营养成分，哪些可以选配，每种成分的量是多少，等等。课程与教学就是营养结构，它基于新的健康理念，也就是新教育目标。《非高等教育制度纲要法》说得很明确，课程的编制应该遵循教育制度的基本原则与目标，且要规划出各教育阶段的课程框架以及学生的基本学力要求。

第三，作为澳门非高等教育改革的研究者也是实践者，作者十分专业地把话题集中在课程改革，充分论述了课程改革对于教育改革的重要性。

书中谈到，特区政府和教育精英们抓住了教育改革的若干关键，譬如课程改革。而课程改革的关键是必须解决以下两个前提。

一是课程制定权。以往课程制定权在学校，是学校自治权的一部分，不是政府赋予的，这是过去澳葡当局放任后自然形成的。就改革环节来说，转换课程决策领导机制是关键之举。在新机制下，政府、学校、教师共同参与课程决策，既尊重办学自主，又确保课程效能，更需面向澳门社会未来的人才需求，设计满足优质教育的课程体系。

二是教育的核心素养。借用经济合作与发展组织的概念：21 世纪培养的学生应该具备哪些最核心的知识、能力和情感态度，才能融入未来的社会，才能在满足个人自我实现需要的同时推动社会发展？核心素养显然不等同于核心能力，前者内涵要丰富得多。书中依据《非高等教育制度纲要法》《课程框架》“基本学力要求”三个重要的法律法规文本，围绕课程目标展开阐述，明确了澳门非高等教育的核心素养内涵，为确立课程结构和课程内容指明了方向和目标。

第四，聚焦课程改革具体议题，详细阐述了澳门非高等教育课程结构、教材、教师、教法及教学评价等改革的具体内容。

毋庸置疑，教育改革的重心和主阵地在学校，学校教育改革的核心是课程、教材、教师、教法和效果评价。书中围绕这些主题，结合澳门这些年来教育改革的实践，作了比较深入全面的分析。

一是关于课程结构。明确了课程目标后，设计科学的课程结构以实现最佳课程功能，便是一件重要的工作。书中就此对特区政府颁布的文件进行了详细解读。提升课程结构功能的途径是优化课程结构，这是改革的核心目的。澳门的《课程框架》在书中被形容为“刚柔并济”确有其道理，这既反映了特区政府尊重历史现实的务实态度，更彰显了特区政府希望通过课程改革推进教育改革进而促进未来社会发展的坚定信念。

二是关于教材。课程结构确定了，具体教什么和怎么教就是教材的事了。由于课程体系多元，澳门非高等教育教材长期处于自由无序的状态。学校基本选用外埠（如香港）教材，或者编写自己的校本教材作为补充。回归后，特别在《非高等教育制度纲要法》颁布实施的背景下，为配合即将开始的课程改革，澳门的确应该独立编写适用的本土教材。据我所知，这项工作进展顺利，不仅有了前期成果，并且还在持续进行。教材就像一盘盘端上餐桌的佳肴，里面盛满了按照营养方案配置的各种营养成分。

三是关于教师。由于历史原因，澳门非高等教育从业教师在职业素养和专业水平上参差不齐，这种状况显然无法适应新时代教育发展要求。因此，在新教育秩序下如何保障教师的专业水准被提上议事日程。2012 年颁布的《非高等教育私立学校教学人员制度框架》，从法律与制度的层面明确了占澳门教师总数 90% 以上的私立学校教师专业素质和职业保障，对教师权利与义务、任教与聘任资格、晋升制度、奖惩措施等作了明确具体规定。2017 年实施的《教学人员专业准则》，明确了教师及其工作的行为规范，有效维护了教师的专业地位和社会形象。

四是关于教学。前面所述属于创作剧本、物色演员的阶段，舞台才是大戏真正开始的地方。教育思想、教学计划和教学理念只有进入课堂，才能更好地呈现。怎样教和怎样学是课堂教学的全部内容。现代课程教学论认为，教学应该以人为本，以促进、培育学生核心素养为目的。教师主导作用与学生主体地位，两者相互联系，相辅相成。专著总结了现代课堂教学的四个特点，即真实情境、问题导向、元认知策略、科技手段应用，并希望以此开启澳门非高等教育教学改革新的篇章。

五是关于课程管理和评价。书中第九章专门论述了课程管理及评价，尤其是后者。再好的课程设计和教学实践都需要获得效果的验证，再完美的课程结构、再得力的教学实践也免不了瑕疵，更何况世事不断变化，与时俱进是应有的理念。特区政府充分吸纳借鉴域内外经验，创制了符合澳门实际的课程管理模式，一方面通过课程“校本化”建设，充分尊重和发挥学校在课程管理上的积极性；另一方面通过建立课程评价体系，使各校始终牢记澳门教育改革优质化大方向。这种合作式而非指令式的政校合作互动模式契合澳门实际，也有利于澳门非高等教育改革有序渐进发展。

回归后的澳门非高等教育改革虽然取得了不少成绩，但因为历史和现实的原因，改革仍然任重道远。未来需要更多关注并预见改革过程中出现和可能出现的各类问题，不断完善解决问题的合理机制，使澳门基础教育的改革之路尽可能走得平稳有效。

初识贺诚，个头与我相当，体型瘦长，架着眼镜，面带微笑，说话带有江浙口音；交谈时条理清晰，语速舒缓，像在欣赏一首慢三的曲子。贺诚到澳门工作之前在内地一直从事语文教育与学校管理，32 岁时成为当时全国最年轻的语文特级教师，40 岁时经选拔代表浙江省参加教育部首期全国骨干校长高级研究班，此班旨在培养教育家型校长，对他形成和发展办学思想产生了深刻影响。他属于靠业务能力成长起来的教育教学管理者和研究者。十多年前至澳门教业中学工作，他把之前积累的经验，尤其是对教育教学的思考，与学校和澳门的教育实际结合起来，逐渐释放最佳的资源聚合效应。

澳门回归后，一批内地教育专家来到澳门，他们或从事澳门当地的教育研究，或执业具体的教学工作及学校管理，有理论也有实践，既熟悉内地教育教学及学校管理规律，又很快了解了澳门的教育历史与现状，他们发挥“两栖”优势，与澳门本地教师共生互补，携手同行，使澳门教育质量和教学水平得以进一步提升。贺诚在澳门十几年的不断探索与实践成果，说明他充分地利用了这一优势。这个群体若都能发挥应有的作用，则不啻为澳门教育的幸事。

暨南大学华文学院院长、教授、博士生导师

2021年6月14日

序三

回归祖国二十多年来，伴随着“一国两制”的成功实践，澳门的基础教育经历了整体的变革，学生在多个国际性学能测评中都有不俗的表现，教育越来越受到各界人士的关注。在此过程中，澳门有不少的经验值得认真总结。例如，回归后及时从整体上调整教育制度、加大教育投入、完善教育系统和学校环境，同时实施十五年免费教育，加强师资队伍建设，尤其重视历史以及品德与公民教育。其中一个不可忽视之处，是积极推进学校课程改革，有效加强了本地教科书的编写和出版。

总体看，澳门基础教育课程的发展到目前为止经历了两个阶段。第一阶段是 20 世纪 90 年代所建立的课程体系。回归以前，澳葡当局在课程领域主要关注为数不多的公立学校，广大私立学校由于办学实体、办学理念不同，学制不同，课程和教材完全由学校自主决定。政府第一次整体关注学校课程，始于 20 世纪 90 年代初，特别是 1991 年的《澳门教育制度》，第一次从教育目标、教学语言和教学自主等方面为学校课程的发展提供了基本清晰的背景，也促使政府开始改变政策，主动编制了幼稚园、小学、初中和高中的课程框架及课程大纲，因此有了澳门历史上第一次由政府推动的课程改革。但上述课程框架及大纲在占学校绝大多数的私立学校并未得到实施，澳门并没有建立起自己的课程基准和有效的领导机制，教科书也主要依赖香港。

1999 年回归祖国之后，澳门特区政府努力推进新一轮基础教育课程改革，以规划为引导，发挥教育法规的力量，已成功建立起新的课程领导体制，改革了各教育阶段的课程结构，推出了各领域和学科的课程基准，同时在《品德与公民》《历史》《语文》以及小学《常识》等本地教材建设方面，取得了重要进展。至2019/2020学年，新课程已全面覆盖从幼儿教育至高中十五年免费教育的所有学生。这是澳门课程发展史上的第二个重要阶段，具有里程碑式的意义。

毫无疑问，学术研究是教育改革和课程发展的动力。回归以来，澳门的教育研究明显加强，不论在澳门教育史研究方面，还是在教育的实践方面，学界都已有一定数量的论著发表。不过，聚焦于澳门二十多年课程改革的研究却很少。贺诚校长的《回归后澳门非高等教育课程改革与发展研究》，是我所见到的唯一一篇以此为题的博士论文，并在此基础上形成本书，有一定的开创性。

贺校长是一位专家型的教育实践者和教育改革者。从语文特级教师到中小学名校长，从在内地多所学校的探索到在澳门教业中学长达十余年的不断改革，从对学校层面的思考到对澳门特区基础教育课程的整体研究，他留下的脚印和思考的问题，映照出一条不断蜿蜒向上的路，令人钦佩。

我因参与贺校长的博士论文答辩，有幸成为本书的早期读者之一。细读全书，我觉得，作者不仅在选题上回应了澳门教育发展的时代诉求，具有很强的实践意义，而且作为对多元文化背景下微型社会区域性课程改革的研究，在理论上也显示出独特的价值追求。以我所见，澳门作为一个微型经济体，尤其在特殊的教育发展过程中形成了分散型的课程体制，这让澳门的课程在诸多方面都有别于内地，也有别于香港和台湾地区，有关的研究具有类型学上的意义。

全书纵向分析了澳门20世纪90年代的课程改革，以及回归以后基础教育课程的演进历程与方向，并将二者联系起来，提出“过渡—调整—巩固—提高”四阶段论，具有创新性及合理性。同时，作者进一步横向截取六个影响澳门课程改革的关键要素，包括课程目标、课程结构、教材、教师、课堂教学和课程管理，分别进行深入分析，这又让研究达到了一定的广度。上述分析框架为全面把握回归二十多年来澳门基础教育课程改革的面貌奠定了基础。全书最后一章总结澳门课程发展的未来走向，力图揭示其趋势，表现出作者对澳门教育的深刻理解和宝贵的洞察力。

我和贺校长均自内地来到澳门工作，并一样较深入地参与到澳门回归以来的课程改革历程之中，相互讨论和请益之机不少。贺校长是内地非常优秀的语文教师，又在内地和澳门多所学校长期执校长之职，他完全有能力在讨论澳门的课程改革时，深入到学科层面，尤其是语文的课程与教材建设方面；也完全有能力将澳门地区的课程改革议题与学校的课程实践相结合，包括与教业中学国际部IB课程的建设联系起来。

我深信，贺校长的思考及实践均不会止步，我们有理由期待他在不久的将来给学界带来新的惊喜。

澳门特区政府社会文化司司长办公室顾问

澳门城市大学教育学院特聘教授、博士生导师

郭晓明

2021年7月17日

前言

澳门回归祖国二十多年来，特区政府奋力勾画了一幅宏伟的教育蓝图，全面规划调整非高等教育政策制度，积极推进课程改革与发展，促使教育内在意义和外在形态发生深刻嬗变，以不断迈向优质教育。

首先，本书从历史视角，概述了澳门教育所面对的社会文化背景及课程发展情况。澳门近代沧桑变迁，融汇了东西方文化，一面是西式教育纷至沓来，一面是华人教育不断兴起。占澳门学校数 90% 以上的私立学校，办学实体、办学理念等各不相同，学制、课程、教材等也完全自主决定，由此呈现多元、包容、共存的教育生态和混杂、散乱、无序的课程现象。上述情况构成了澳门非高等教育课程改革与发展的基础。

澳门回归以后，随着社会经济的快速发展和民众对优质教育需求的提高，原有的教育及其课程，已难以适应现实需要。特区政府制定教育制度政策，研制建立新的课程体系，整体提升非高等教育质量，就成为时代的必然抉择。

综观澳门课程改革演进的四个阶段，从过渡到调整，再到巩固和提高，有明显的时间节点和标志性制度，发展轨迹十分清晰。特别是澳门《非高等教育制度纲要法》的颁布，在澳门教育发展史上具有里程碑式的意义。它与后续颁布的一系列教育法律法规，为澳门非高等教育课程改革与发展，提供了基础性、系统性保障。

从课程政策层面审视，特区政府完善教育制度，既是破解澳门教育难题的良策，也是对回归后非高等教育课程作出的顶层设计。正所谓“好鞍也要好马配”，制度需要人来制定并贯彻实施。其中，转换课程决策领导机制是关键之举。这表现为政府、学校、教师共同参与课程决策，力主教育公平，尊重办学自主，确保课程效能，正确处理好政府、学校和社会之间的关系，使之无论在制度制定、目标重构，还是课程走向、结构调整，甚至工作方式、先导策略等方面，都发生了良好变化，形成了组织实施、共同推进新课程体系的强大合力。

课程改革与发展，必须遵循教育宗旨，体现课程价值。澳门回归祖国之后，非高等教育应该从澳门特区“一国两制”出发，推广爱国爱澳核心价值。因此，在《非高等教育制度纲要法》制定的教育总目标下，课程以“核心素养”为内核，通过对课程思想与目标、课程结构与内容、课程实施与评价等的重新调整，建立《课程框架》及“基本学力要求”，以期确保达到教育教学基准，促进学生全人发展。

其次，本书基于课程论意义，从横向上重点截取六个方面，对课程目标、课程结构、教材、教师、课堂教学、课程管理等，分别作出深入而具体的探讨。

课程目标，是确立教育总目标、各教育阶段目标、学科教学目标的根本前提，且以此构成了环环紧扣、逐层细化的教育目标链。澳门的课程目标重构，旨在阐明澳门非高等教育的课程改革与发展，立足于全人教育、时代精神和地域因素，以“总目标”为依归，促进每一位学生建立正确的人生价值观，在德智体群美等方面得到全面发展，成为对国家、对特区具有责任感和有创新精神、合作意识及终身学习能力的公民。

优化课程结构。《课程框架》正确地处理了刚性原则和弹性规定的关系，反映了澳门课程开放性、现代性等特点。澳门非高等教育的课程结构，将“关键能力”“核心品格”渗透到了各个教育阶段、各个学习领域及科目的“基本学力要求”当中。尤为可贵的是，将较为充裕的空间与弹性时间留给学校自主发展课程。同时，在中小学课程科目之上设置六大学习领域，把知识领域中基本的和相关的概念联系起来，整体规划课程内容，保障学生可以获得多元的、均衡的学习经验。新的课程结构，增设活动课程，重视潜能发展，突出课程整合，有利于增强课程选择性，促进学生多样化发展。

教材是课程的重要组成部分。由于历史及地域等原因，澳门学校一直以来存在缺乏本地教材、需要依赖外部市场、各校自主选用教材的问题。由于课程目标调整和课程结构优化，教材问题已日益成为制约澳门课程发展的一大因素。近年来，特区政府牵头，开始系统地编写、出版部分学科本地教材。这些教材作为教学主要内容，解决了教什么、学什么的问题；在使用过程中，逐步适应并适合教学；较好地反映了教材与教学方法的联系，促进了教与学方式的转变。需要指出的是，教材系统性不仅体现在某一学科内部，更体现在由各门学科构成的整体，应该完整搭建，以更好地实现课程目标。

教师的专业素养决定了驾驭教材的能力和发展课程的水平。长期以来，澳门社会未形成把教师作为专业阶层的共识。特区政府不遗余力地推行促进教师专业化发展的战略，投入大量资源，并持续推动专业培训，以提升教师对课程的理解力、执行力。澳门建立起教师专业化制度和教师职级晋升制度，以专业准则、专业培训、学年评核等措施，形成了教师专业化发展的动力机制。在“内地优秀教师来澳交流计划”和一大批本地优秀教师卓越成长的带动下，教师培养逐步显示出“造血”功能，成为课程改革与发展的重要力量。

课程只有在进入教学状态时，才能显示出足够的价值。课堂的教与学，正由过去以教师为中心、以教材为中心、以考试为中心，逐渐转变成以学生发展为中心，从课程立场出发，注重培养学生建构性学习能力。针对统一、明确的课程目标与教学要求，教师更新教学观念，调整教学指向，更多地体现在：改变课堂结构，创设生活化的、真实的学习情境；改变教学策略，以问题为导向推行深度学习；运用资讯科技，以网络及多媒体支持多向教学；尝试进行课程统整，运用主题式、跨学科、探究性、多维度的学习方式等，营造学习者社区，初步呈现出课程教学的新样态。

澳门非高等教育的课程管理，顺应世界教育潮流，突破了传统的单一型体制，正朝着综合型方向发展。这种管理方式的选择，为课程评价与改进创造了有利条件。

特区教育行政部门代表政府意志，担负主导职能，对课程政策、课程纲要、课程计划等作出明确规定；学校是校本实施的主体，负有课程实施、课程发展、课程管理责任，在遵循政策制度前提下进行校本化“再加工”，使课程原则、课程内容、教学要求等得到现场实操。政府与学校共商共决，在推进课程诊断性、形成性、总结性评价过程中，一起探索区域及学校教育既具公平性又有高质量的可持续发展之路。

最后，本书对澳门非高等教育课程改革进行了总结，认为它体现了正确的课程走向与趋势，反映出课程发展的内在规律：从无序进入有序，需深化课程系统运行；从多元渐有同一，需提升课程发展内涵；从基准趋向超越，应进一步转变课程发展方式；从本土融汇世界，必定成就中国澳门的课程格局。

当今世界正经历百年未有之大变局，国家擘画的全面现代化宏图业已开启，特别是在粤港澳大湾区深度融合发展战略中，澳门社会持续稳定繁荣、经济适度多元发展，将迎来千载难逢的大好机遇。与时代同步，澳门新的《非高等教育中长期规划（2021—2030）》正在推进。新一轮课程改革与发展，也再一次站在新的起跑点上，肩负使命，任重道远。

目录

第一章　绪论

澳门，位于中国南海之滨，珠江入海口，自古受粤地人文精神浸润。它在被葡萄牙殖民者占据后，历尽苦难，饱经风霜。这一方水土浓墨重彩地书写了西学东渐、汉学西传的独特篇章，促进了不同文明互鉴互融，也滋养了开放多元、踏实从容的城市气质与魅力，成为近代中国看世界的一扇窗户。

澳门教育及其课程源远流长，是中国教育史的有机组成部分。它因历史际遇而孤悬一隅，但依然与祖国血脉相连，在东西方文化交汇处，坚守着中华民族传统文化主流价值。

1999 年 12 月 20 日，中华人民共和国对澳门恢复行使主权。澳门如漂泊游子，终于回到母亲温暖的怀抱，开启了崭新的生命历程。

二十多年来，澳门特区跟随国家发展步伐，全面准确贯彻“一国两制”、“澳人治澳”、高度自治方针，主动把握“一带一路”倡议、粤港澳大湾区建设等重大发展机遇，经济稳步增长，民生持续改善，社会稳定和谐，向世界展示了具有澳门特色的“一国两制”成功实践，充分证明“一国两制”是完全“行得通、办得到、得人心”的。

特区政府秉持“教育兴澳、人才建澳”施政理念，澳门教育历经沧桑巨变，走出了一条不平凡的前行之路。

第一节　研究意义

一、选题缘由

被葡萄牙占据的澳门，满目疮痍，经济凋敝，教育衰落。长期以来，澳葡当局漠视华人子弟教育，对教育采取放任自流的政策。教会、社团、慈善机构等迎合不同阶层的需求自主办学，既缺失相关教育制度，又缺乏课程标准，使学校办学普遍处于自生自灭、自由泛滥的状态，出现教育经费严重短缺、教育质量良莠不齐、各校自行其是等一系列问题。从整体上看，澳门回归祖国之前的教育，具有“强烈的民族性和有限度的融合性”“拼盘式的多元性和灵活的适应性”“个别的超前性和普遍的滞后性”“较多的自主性和较少的规范性”等特色①。

回归以来，澳门特区政府鉴于社会、经济、文化等各方面的重大变化，在整体施政上坚守“一国”之本，善用“两制”之利，锐意革新，奋发图强，使澳门进入了一个全新的时代。

以澳门非高等教育为例，借助全新战略规划和发展路径，非高等教育以课程改革为切入点，促使教育面貌发生翻天覆地的变化，成为世界上“优质兼公平”教育样板之一，得到经济合作与发展组织的充分肯定，国家领导人也给予了高度赞扬。究其原因，在于特区政府全面规划调整教育政策制度，特别是在2006年12月颁布了澳门《非高等教育制度纲要法》，这在澳门教育发展史上具有里程碑式意义。《非高等教育制度纲要法》以法律形式，对澳门非高等教育制度等重

① 刘羡冰：《澳门教育史》，人民教育出版社，1999，第29页。

大问题，作出顶层设计和系统保障，指引非高等教育走上规范、科学发展的宽广征途，推动课程改革与发展，促进澳门教育质量全面提高。

课程是学校教育的核心。受到社会经济、历史文化、政治生态等多种因素影响，澳门非高等教育及其课程有着自己鲜明的特色。

对回归后澳门非高等教育课程改革与发展的研究，意在进一步观照澳门教育发展动因与过程，洞察学校基于课程所发生的深层次变化，从而阐明“一国两制”下澳门非高等教育如何以其先进的思想、明确的目标和完善的机制，积极推进课程改革。正所谓“桌子上也可以唱大戏”，回归后澳门非高等教育课程改革与发展必将成为澳门发展这一波澜壮阔乐章中的精彩曲目。

二、研究对象

澳门非高等教育，是指大学教育和高等专科教育以外的各种类型教育，分为正规教育和持续教育两大类。持续教育和列入正规教育的特殊教育、职业技术教育，暂不在本书研究范围之内。

本书研究对象，是指澳门幼儿教育、小学教育、初中及高中教育阶段课程改革与发展，及其对以中文为教学语言的私立学校教育所产生的影响。

据澳门特区政府教育暨青年局（2021 年 2 月 1 日与高等教育局合并成立教育及青年发展局）2019 年公布的资料，澳门 2018/2019 学年有幼稚园、小学、中学等共 77 所学校（121 个校部），在校学生 77 999 名，教学人员 6 952 名。正规教育学校有 74 所，其中公立学校有 10 所，其余都是私立学校。①

① 澳门特区政府教育暨青年局：《非高等教育统计数据概览（2018）》，2019。

私立学校比公立学校多得多，成为澳门非高等教育历史上的一大特殊现象，这在世界范围内也罕见。它既反映出特殊历史时期澳门教育政策的负面效应，也是回归后澳门特区政府需要面对的重大课题。

因此，私立学校的盛衰，可以说不仅关系着澳门教育的发展，以及当地经济社会的发展，也是影响千家万户的民生大事，关系到澳门“一国两制”事业的伟大实践和灿烂未来。

三、研究目标

本书通过研究回归后澳门非高等教育课程改革与发展，解读其演进过程，阐释其变革机制、方法、路径及作用。

第一，从历史角度概述澳门教育的社会文化背景，厘清澳门非高等教育及其课程改革与发展的历史进程。

第二，阐述澳门非高等教育课程改革的价值取向、根本途径和关键举措，特别是教育制度和相关政策对课程改革与发展所具有的重大作用。

第三，围绕构成课程的关联要素，结合学校层面的实际操作，从课程论角度剖析课程改革对学校和教师所产生的积极影响。

第四，总结并揭示这场前所未有的课程改革的规律与走向，探讨澳门未来教育及其课程发展的趋势。

本书希望从澳门非高等教育课程改革与发展的轨迹中，寻求并提炼出值得总结的经验和可以讨论的问题，为新时代澳门特区教育更好地实现高质量发展，也为邻近地区的教育及课程重构或改进，提供可借鉴的参考意见。

四、研究价值

由于独特的历史文化和社会背景，澳门非高等教育课程改革与发展，体现出文化多元性、社会复杂性等特点，显示出传统与现代、东方与西方以及不同语言、不同文化、不同意识形态复杂并存的教育生态。

在此背景下，准确把握并深刻阐明课程本质，有利于学校坚守爱国爱澳核心价值，培养继承发扬爱国爱澳传统的优秀人才，使“一国两制”伟大事业薪火相传、行稳致远。

本书将回归后澳门非高等教育课程改革与发展置于社会文化历史中，从中认识澳门教育历史成因、制度安排、目标重建、结构调整等，观照澳门课程自身的独特光芒，有助于更好地推动具有澳门特色的非高等教育课程体系建设。

基于学校深入开展课堂教学、校本课程、评价改进等教学研究，有利于促进澳门学校校本化建设从“政府的课程”走向“学校的课程”，有利于提升澳门学校教育质量和办学水平。

第二节　研究现状与文献综述

回归前澳门教育方面的相关论著多以葡文记述，且带有明显的政治倾向，常以天主教教会学校为主要对象，现多保存于政府历史档案馆和澳门天主教主教府中。华文史料多保存于当时的教育司和市政厅中，且较为零星散乱。

澳门虽然面积不大，但教育现象比较复杂，不易梳理，且一般学者对澳门的研究，多以政治学、历史学等作为研究方向，专门撰写教育通史或教育专题史的不多，涉及课程研究的更少。

澳门回归祖国后，在社会、政治、经济、文化等方面取得了举世公认的巨大成就，受到越来越多人的关注。澳门教育及课程方面的相关研究逐渐增多，特别是在特区政府启动课程改革前后，涌现出一批具有较高学术价值的教育研究成果，对丰富课程思想和课程内涵起到重要作用。

一、"澳门史"中的研究

在澳门回归前后，产生了不少较为重要的澳门史著作，多有论及教育发展历程、教育特点，或收录教育人物及掌故。但因研究视角不同，少有课程阐释。

黄启臣《澳门通史》指出，澳门近代教育分中文学校教育和外文学校教育。中文学校教育由1801年望厦村赵氏父子开办蒙童学馆开始，至抗日战争时期一批内地学校避难南下迁来澳门办学，出现鼎盛时期。书中重点介绍了学校的办学历程，对澳门近现代教育作了概要分析，指出现代澳门教育具有办学制度多元化、学制多样化、办学各自为政和义务教育未普及等特点。①

黄鸿钊《澳门简史》认为，澳门教育的特征主要表现在多元化办学、多样化学制、没有统一教育政策等方面，著述较多停留在对教育的扼要描述，未作具体分析。②

邓开颂、黄鸿钊、吴志良等主编的《澳门历史新说》，把16世纪开始至回归前的澳门教育，划分为东西双源冲积期、近代发展期、抗日战争时期、新中国成立后和特区政府成立前五个历史阶段，详细介绍了澳门教育发展历史与各个阶段教育的基本特点，并分析其

① 黄启臣：《澳门通史》，广东教育出版社，1999，第454—464页。

② 黄鸿钊：《澳门简史》，三联书店（香港）有限公司，1999，第378—382页。

成因。[①]

张国雄、冈虎、张运华等编著的《澳门文化源流》，详细介绍了澳门教育的变迁、回归前澳门教育的特点和回归后澳门教育的走向，认为“多元共存，协同发展”是澳门教育发展的必由之路。[②]

二、“澳门教育通史”中的研究

以通史形式对澳门教育进行研究，具有代表性的成果有以下两项。

刘羡冰《澳门教育史》，史料丰富翔实，分析卓具见解。作者在书中详细阐述了中西文化碰撞在澳门教育制度和教育特点形成中的历史作用，通过分析澳门教育多元体制成因，梳理其形成与发展的过程，指出现行澳门教育体系是经过数百年磨合发展起来的，有其独特之处。作者对近现代澳门教育进行了深入分析，概括出澳门教育的六大特色。[③] 该书对于澳门非高等教育课程研究起到引领作用。

冯增俊《澳门教育概论》，从比较教育视角，对澳门教育进行了全方位的研究。值得一提的是，该书专辟“澳门学校课程与教材”一章，解读“课程”和“教材”，论述课程发展背景与形态特征及教材选用。书中明确指出：“澳门独特的历史和社会背景，使其学校课程成为传统与现代、东方与西方以及不同意识形态、不同语言和文化混杂其中的大杂烩。”[④] 要想探讨澳门教育的未来发展，“必须关注课程

① 邓开颂、黄鸿钊、吴志良等主编《澳门历史新说》，花山文艺出版社，2000，第806—829页。

② 张国雄、冈虎、张运华等编著《澳门文化源流》，广东人民出版社，2005，第247—262页。

③ 刘羡冰：《澳门教育史》，人民教育出版社，1999，第29—34页。

④ 冯增俊：《澳门教育概论》，广东教育出版社，1999，第283页。

问题并最终把目标落实在课程的改革和发展上面”①。

上述两部著作，填补了澳门教育研究领域空白，是我们深入研究澳门教育及其课程改革的重要参考资料。但是，两部著作均侧重于澳门教育史论的研究，对课程的相关阐述未深入展开。即便如此，两书对澳门课程改革与澳门教育发展大势的分析还是非常具有洞察力和预见性的，其价值不容忽视。

三、关于课程制度研究

1987年4月，中国政府同葡萄牙政府签署了中葡联合声明。澳葡当局迫于形势，同时为了显示对教育管理和课程发展的关注，于1991年8月颁布《澳门教育制度》，随后在1994—1997年相继发布学前及小学、初中、高中之课程组织法令，由教育制度推进到课程计划，再由课程计划扩展到课程大纲。这些制度法令主要是针对以中文为教学语言的官立学校（中葡学校），也要求各私立学校参照执行。这是澳门历史上首次开展由政府组织和推动的课程改革。

然而，由于受当时各方面因素的限制，尤其是其未能解决教育制度层面存在的诸多问题，这一文件最终成为一纸空文。李耀文认为，这一课程改革无疑存在种种问题，包括课程体系和内容、课程组织和实施、澳门学校教育体系等，因而最后未能取得成效，但是毕竟开启了澳门教育课程制度之先河。②

方炳隆等从课程改革精神与指向、学校课程背景资料、学校教育的性质及存在问题等角度，对澳门学校教育进行了较深刻分析，对回

---

① 冯增俊：《澳门教育概论》，广东教育出版社，1999，第283页。

② 李耀文：《论课程行政中的计划职能及对澳门中学课程发展的思考》，硕士学位论文，华南师范大学教育系，1997。

归后课程改革有一定借鉴意义。①

冯增俊将澳门教育历史演进划分为三个阶段，即16世纪澳门教育制度初萌期、19世纪澳门教育制度初成期、第二次世界大战后澳门教育制度形成与变革期。每个阶段都折射出澳门社会的变化。面对回归之后的新形势和新要求，他提出了教育制度重构思路与意见，对制定课程制度政策有积极影响。②

苏朝晖对澳门教育改革脉络作了研究和梳理，从澳门非高等教育历史发展视角，列举已经制定及将来应制定的现代教育制度及其补充法。他的研究审时度势，为深入推动课程教学改革，作出系统的制度设计与议程安排。③

特区政府在建立完善并大力推进现代教育制度建设的基础上，对课程改革发展作出极大努力。郭晓明认为，在澳门教育从“量的扩张”向“追求优质教育”的过渡阶段，“没有优质的课程，不可能有优质教育”，“在规划未来澳门教育制度的同时，我们必须以具前瞻性的眼光积极筹划澳门未来的课程”。他指出澳门课程改革的目标、路径、机制及推进模式，特别是提出“地区课程改革指引”，建立“课程决策共享机制”等，这些课程改革思想具有明确的指导性。④

2006年4月，首任行政长官何厚铧先生签署建立“课程改革及发展委员会”。该委员会隶属社会文化司，由时任澳门特区政府教育暨青年局局长苏朝晖任主席，旨在按照非高等教育范畴既定总目标，构思、规划、执行及评估各学习阶段课程框架及标准。

① 方炳隆、Luis Gottschalk：《澳门学校课程改革与学校优质教育》，“优质教育：传统与创新”研讨会论文，澳门，1997。

② 冯增俊：《新世纪澳门教育制度的重构与发展》，《教学与管理》2001年第15期。

③ 苏朝晖：《教育改革的脉络》，《行政》2003年第3期。

④ 郭晓明：《澳门课程变革的背景与可能路径》，《行政》2004年第4期。

2006年12月，特区政府颁布的《非高等教育制度纲要法》，从制度层面对澳门非高等教育的发展作出了完备设计，以法律形式予以充分保障。其中，调整教育目标，改革学制，突出课程与教学重要性，强化政府课程领导权，并力图体现学校多元参与，对实施课程改革具有很强针对性。

单文经、杨秀玲、张国祥等制作的《澳门非高等教育课程的检视与改革路向》项目研究报告书，对澳门非高等教育课程作出比较系统、具体的研究。①

单文经、黄素君、宋明娟的研究成果，反映澳门课程现状、特征与走向，揭示澳门非高等教育课程政策正由过去放任自流，或偏于校本自主，或采取地方分权，向着共同享有、共同负责、共有负责的课程政策转变。②

苏朝晖、梁励、王敏从社会发展和教育内部关系调整两大方面，阐述了澳门课程改革背景，并从课程改革育人目标、决策机制、基准要求、教材认定等方面，提出澳门课程改革路径与重点，揭示了课程发展方向及其应关注的问题。③

郭晓明《澳门回归二十年教育改革的法规构建》，可以说开了研究澳门教育法规的先河。回归以来，澳门教育制度、课程政策所发生的根本性变革，都与教育法制定颁布密切相关。教育法规研究，对澳门课程改革与发展有着极其重要的意义，尤其是关于非高等教育与高

---

① 单文经、杨秀玲、张国祥等：《澳门非高等教育课程的检视与改革路向》，澳门特区政府教育暨青年局委托项目报告，2007。

② 单文经、黄素君、宋明娟：《三十年来澳门地区课程政策的理论反思》，《西南大学学报（社会科学版）》2009年第4期。

③ 苏朝晖、梁励、王敏：《澳门课程改革的背景、取向与展望》，《全球教育展望》2009年第5期。

等教育之间法规的协调，特区政府与私立学校关系的调整等论述，对课程改革与发展的走向产生了深刻的影响。①

四、关于教材建设研究

一直以来，澳门缺乏专门为本地编写的教材，学校只得依赖外地教材。例如，葡文学校多使用葡国教材；教会学校的教材主要来源于中国香港，也有来源于英国的；社团学校使用内地或香港教材的较多。20世纪80年代前，几乎没有专门为澳门中小学出版的教材。

罗耀珍认为，澳门教材问题的主要原因是澳葡当局漠视私立学校教育，以及澳门市场小，出版商不愿投资。这导致香港教材充斥澳门学校，部分学生对香港的了解多于对澳门的认识，并且为香港流行意识形态所影响。②

直至20世纪90年代，有香港出版社少量出版特别为澳门中小学编写的教材，如现代教育研究社出版的《澳门社会》、香港燕京出版社出版的《中国语文》，大都根据香港课程发展议会课程纲要编写。1993年，澳葡当局也开始出版有关公民及健康教育教材。另外，有些学校教师将教学讲义汇编成册，作为校本教材使用，但大多只作为补充，不成体系。

综观澳门教材，长期处于比较散乱的状态，缺少对教材的系统规划，更缺乏课程思想指导下的教材研究。回归后，特区政府高度关注教材对课程发展的重要作用，澳门教材建设开始形成新的思路，将教材视为课程的有机组成部分。

---

① 郭晓明：《澳门回归二十年教育改革的法规构建》，澳门启元出版社，2019，第7—20页。

② 罗耀珍：《课程改革》，载贝磊、古鼎仪主编《香港与澳门的教育与社会：从比较的角度看延续与变化》，（台湾）师大书苑有限公司，2005，第161—162页。

2009年前后，澳门特区政府教育暨青年局与人民教育出版社合作编写了一套从小学至高中的《品德与公民》教材。同期，澳门特区政府教育暨青年局也与相关出版机构磋商，合作编写其他适用于澳门的本地教材，如人民教育出版社出版的初中、高中《历史》教材，广东教育出版社、澳门启元出版社联合出版的小学与中学《中国语文》等。

目前，专门针对澳门教材编写和教材体系建设的研究文章还不多见。这恐怕与学科教学现状有关，也涉及现行教材政策及其思路。

虞铁亚对海峡两岸暨澳门高中英语字汇作出比较研究，指出澳门英语学科常用不同版本的组合教材，影响字汇总量和字汇常用度合理编排，造成衔接困难。

《澳门教育》开设"探讨'澳门中国历史教科书'"专栏，鲍振华等分别就历史学科新教材对教师备课的积极影响、传统文化弘扬与中国历史教材编写等内容展开讨论，反映一线教师运用新教材后的教学体会，显得难能可贵。

郭晓明、王敏从课程政治学高度，聚焦回归以来澳门本地教材发展过程中的相关冲突，敏锐地指出澳门是一个社团社会，教材的出版与选用长期以来"既不指定也无审定，全凭学校决定"。在这种背景下，教材开发必然走向多元权力主体平等参与和协商，最终达到"共契"。尤其在"一国两制"下，这种情况需要通过适当的渠道和机制予以化解，以政府行政手段吸收和包容多种诉求，使不同谱系的人参与到教材开发过程中来，实行"政府主导、多元参与、编审合一"的运作机制，达成共识，平稳推进。① 以这样的视点和策略来处理澳门教材本地化，无疑是澳门课程发展与教材研究的独到经验。

---

① 郭晓明、王敏：《澳门回归以来教育发展与经验》，澳门启元出版社，2019，第153—164页。

五、关于课程教学研究

在课程教学方面，对课程结构及其教学范式的系统研究甚为少见。大家普遍关注的是学科教学方法、课堂策略及教学效果评价改进等。与之相关的论文或体会散见于澳门大学澳门研究中心《澳门研究》、澳门特区政府教育暨青年局《教师杂志》、澳门中华教育会《澳门教育》和相关学科学术研究会论文集及报纸杂志。

贝磊、古鼎仪侧重于研究一些核心主题，特别是对语言和教育政策的制定与执行等，有比较深刻的阐释。在中、葡、英三种语言文字并存，语境相对较为复杂的澳门，对中国语文教学和对中国文化坚守较为重视，特别表现在普通话教学上。①

老志均在《教师杂志》2011 年第 7 期、2014 年第 7 期发表关于中文教学的系列论述，对识字、阅读、写作等语文学科教学规律，进行了较为全面深入的研究，特别是在借鉴、运用传统经验，促进提高学生语文素养方面，较有实际指导价值。

邓国俊、贝磊从中学数学教科书的来源、数学教科书内容分析、影响学校选择教科书的因素等方面，深入探讨了澳门中学数学科存在的问题。②

杨秀玲全面检视澳门英文学科教学问题，提出澳门中小学在“三文四语”背景下改进英文教学的方法，并倡导“浸入式”学习。③

郑润培对澳门历史学科教育发展历程作出回顾，从澳门历史学科

---

① 贝磊、古鼎仪：《语言与教育》，载贝磊、古鼎仪主编《香港与澳门的教育与社会：从比较的角度看延续与变化》，（台湾）师大书苑有限公司，2005，第 135—150 页。

② 邓国俊、贝磊：《多元课程及进口教科书的影响：中学数学科的类型及发展》，载古鼎仪、马庆堂编《澳门教育——抉择与自由》，澳门基金会，1994，第 70—86 页。

③ 杨秀玲：《澳门英语教学：分享、回顾与创新》，《澳门研究》2003 年第 3 期。

教育现状、影响澳门历史学科教育主要因素两个方面，分析在教育现代化背景下，澳门历史学科教学所担负的爱国教育责任。①

黄逸恒的《澳门中学地理回顾与前瞻》，较科学地把澳门中学地理课程划分成1899年前、1900—1949年、1950—1991年、1991年后四个阶段，就不同阶段地理课程教育的不同特点展开论述，并指出未来教学范式变革的方向。

戴定澄对普通教育及包括高等教育在内的各个教育阶段音乐教育、音乐教学与学术研究等作出具体分析，全面描述澳门音乐教育的历史发展进程。②

随着课程教学改革深入开展，一线教师对课程教学研究的视角也有所拓展。例如，梁咏仪、朱东成、余巍对教业中学英文课程教学改革成果的专访，反映传统中文学校在新形势下的语言学习新要求；以李莹为代表的教业中学英文组，总结提炼出“注重语用，勇于尝试，读写结合，敢于实践，让每个学生在体验中享受学习成功”的英文创意教学理念及其活动策略。③

李伟杰研究用GeoGebra制作动态的波动传播现象，解决高中物理学科教学难点。④

郑志民对中学数学开展研究性学习，显示出革新教学方法、探索教学设计与课堂实践的新思路。⑤

然而，通过对有关研究资料的观察与分析，我们也发现澳门课程教学研究所存在的问题。一方面，由于课程制度不完备，导致教学普

---

① 郑润培:《澳门中小学历史教育现况与发展》,《澳门研究》2007年第2期。

② 戴定澄:《音乐教育在澳门》，澳门日报出版社，2005。

③ 梁咏仪、朱东成、余巍:《澳门教业中学英文教学改革专访》,《教师杂志》2011年第3期。

④ 李伟杰:《GeoGebra制作在教学中运用》,《教师杂志》2014年第7期。

⑤ 郑志民:《谈数学开展研究性学习》,《澳门教育》2018年第2期。

遍存在随意性、程式化等问题；另一方面，由于教师角色定位不清，再加上课务负担较重，课堂教学往往出现固化现象。至21世纪初，很多学校的教师，还往往停留于一块黑板、一支粉笔加一张嘴的传统讲授方式。这在一定程度上制约了课程教学的深入研究。

2008年起，在中央人民政府驻澳门特别行政区联络办公室（以下简称澳门中联办）和国家教育部的支持下，特区政府实施“内地优秀教师来澳交流计划”。一批批内地优秀教师来澳门驻校交流，带来先进的课程思想、科学的教学方法，越来越多的学校开始形成教育教学研究新风尚。

随后，为配合即将实施的课程改革，自2010年起，首先在幼稚园，继而在小学、初中，然后至高中，陆续推出“先导学校计划”。许多学校纷纷参与其中，内地及香港优秀教师直接予以指导，使学校教研活动不断走向制度化、常态化，深化了课程教学研究。

例如，李艳芳结合内地教研工作经验，研究开展“语文综合实践活动课”，提升澳门学生中文素养①；杨晓玲在考查学生核心素养形成规律的基础上，提出课程发展应“以学生发展为中心”，建构开放式课堂②；叶青莲较具体地提出配合“幼儿教育基本学力要求”进行有效教学设计的若干重要策略③。

同时，参与“先导学校计划”的教师也积极发挥作用，在课程教学实践中大胆探索，相互分享，日益成为课程教学改革的有生力量，对课程研究有着积极推动意义。

---

① 李艳芳：《这或许是一种提升学生语文素养的办法》，《教师杂志》2011年第3期。

② 杨晓玲：《贯彻新课程理念，落实小学语文基本学力要求》，《教师杂志》2012年第3期。

③ 叶青莲：《有效设计配合“幼儿教育基本学力要求”的教案》，《教师杂志》2013年第6期。

六、关于课程发展研究

随着澳门课程改革的启动与实施，产生了一批关于课程发展的研究成果，其中比较典型的有以下几项。

在澳门教育特殊背景下，郭晓明阐明应依靠制度力量，把握正确方向，去实现课程改革目标。他对澳门课程发展的重要思考，如建立课程决策新机制、研究设立地区课程基准、促进课程本地化、寻找课改合适路径等，带有很强设计性，高屋建瓴地描绘了澳门课程发展的基本蓝图。①

田野从影响澳门多元文化的因素着手，提出建构幼儿教育多元文化课程。此研究认为，澳门缺乏对多元文化教育的认知，缺乏对课程整体观的认识。②

陆荣辉归纳课程改革发生背景与制度特点，指出这些因素会给学校、教师等带来多维度、多层次的影响，需要各方一起踏上课程改革及发展之路。③

王敏探讨澳门《课程框架》与课程结构之间的关系，在反映国际发展趋势的同时，也突出本土化特征。④

林发钦指出，建立澳门《课程框架》，使课程教学变得有章可循、有据可依，回答了澳门课程改革做什么、怎样做的问题，解析了课程改革思想、目标、原则及其实施办法。⑤

---

① 郭晓明：《澳门课程变革的背景与可能路径》，《行政》2004 年第 4 期。

② 田野：《建构澳门幼儿多元文化课程》，2006 年华人社会的教育发展学术研讨会论文，澳门，2007，第 21—31 页。

③ 陆荣辉：《齐来踏上课程改革及发展之路》，《教师杂志》2011 年第 12 期。

④ 王敏：《"课框" 与课程结构的改革》，《教师杂志》2013 年第 4 期。

⑤ 林发钦：《对澳门课程框架的解读》，《教师杂志》2013 年第 10 期。

黄逸恒从课程发展历程、方向、特点和策略等方面，对澳门课程改革作出深刻解读。[①] 他指出，课程改革与发展制度有别于学校行政管理制度，是以学校为基地，以课程面临的问题为研究对象，以专业引领和行动反思为基本方式，以关注学生学习生活、促使教师专业成长为目的，开展校本教研，提升课程品质。[②]

七、关于课程评价研究

课程评价是课程改革与发展的重要一环，澳门目前相关的研究还处于起步阶段，有待深入。建立和形成教学质量评估机制（或学力水平测试），在澳门长期以来争议颇多，至今并无答案。学校内部的学科考试评价，多由教师自行命题与批阅，评价方法也比较单一，欠缺相对深入的研究资料。

澳门向来缺乏教学质量外评机制，直至 2003 年参加经济合作与发展组织举办的国际学生评估项目（以下简称 PISA）。该测试旨在了解 15 周岁学生的基础能力和影响他们学习的因素，评估和比较各参与国家（地区）的教育成效。PISA 测试结果所显示的学生素养表现，既可以为教育行政部门制定教育发展规划、教育改革政策等提供参考讯息，也可以为每所参测学校检视课程与教学、进行学生评核等提供重要资料，助力学校提升教学管理效能，不断提高教学质量。

在 PISA 2015 中，澳门学生表现不俗，被经济合作与发展组织评为“具有优质教育且教育公平”的五个国家（地区）之一。澳门大学

---

① 黄逸恒：《迈向优质教育，推进课程改革——非高等教育课程发展历程和方向》，《教师杂志》2013 年第 6 期。

② 黄逸恒：《澳门课程发展及校本教研》，《教师杂志》2014 年第 11 期。

PISA 研究中心研究团队针对测试结果作出精细分析，希冀学校通过课程改革、教学实务、教学评核等途径，把培养学生具备基本能力和核心素养的教育目标落实到教育的各个环节上，特别是要纳入各学科学习目标及课程安排之中，注重跨领域与跨学科的整合；学校要建立学业质量标准，进行校本化学业质量监测，将素养理念反映到具体评核之中，把学习内容要求和质量要求有机地结合起来，从而推动核心素养培养。① 这也为进一步提高 PISA 2018 的成绩，提供了有益帮助。

李伟东对 2001—2009 年澳门大学招生入学试数学科试题（卷 A）的评讲与分析，实属少见。他在分析命题趋势时指出，试卷不仅全面综合考查基础知识，而且突出数学思想方法考查。他认为考试命题要从不同的角度，运用不同的思想方法，创设不同的解题途径，区分不同程度学生的数学能力。②

郭晓明在课程评价上给人带来新的思考。从核心素养与课程这两者关系中，确立核心素养应作为课程的“内核”，以渗透的方式融入课程，而非由核心素养来推导、演化为全套课程，进而指出澳门课程改革运用“素养”理念，提出五种“关键能力”和三大“核心品格”，以此调整课程结构，阐明“在各教育阶段相关科目学生需达到的‘基本学力要求’方面，重视培养学生在沟通、合作、阅读以及批判思考方面的素养”③。

随着澳门构建非高等教育课程体系任务不断推进，课程评价、教学评价、学生学业评价等方面研究，已作为课程研究重要组成部

① 澳门大学教育测验与评核研究中心：《澳门 PISA 2015 研究计划报告：从国际比较的观点评核 15 岁学生的科学、阅读和数学素养表现》，2016。

② 李伟东：《2001 至 2009 年度澳门大学招生入学试数学科试题（卷 A）评讲与分析》，《教师杂志》2011 年第 3 期。

③ 郭晓明：《核心素养与澳门非高等教育课程框架的改革》，《澳门研究》2016 年第 4 期。

分而不断展开。经过较长时间公开咨询,《本地学制正规教育学生评核制度》于2020年7月颁布。这会对学校深化课程改革产生深刻影响。

总而言之，澳门回归以来，课程研究和非高等教育课程改革与发展相适应，站在一个全新起点上，与实践同步推进，既有全景式勾画，也有散点式深入，取得长足进步。

但是，在研究的纵向深入与横向展开上，因长期以来基础过于薄弱，参与人员过于单一，研究课题过于狭窄，对课程改革实践规律还缺乏深刻揭示，特别是在课程改革与发展的内在机制与价值、表明澳门课程独特优势及局限等方面，还缺少专题研究。在已有研究成果中，描述性研究多，解析性研究少；整体研究多，分点研究、对比研究少，成系统的课程学类型研究更是少见。

课程改革与发展是一项非常复杂而系统的工程，如何对回归后澳门非高等教育课程改革与发展作出广泛而深入的挖掘、分析和研究，是个重大学术问题，需要持续讨论与总结。

第三节　理论基础

一、教育哲学观

以哲学观点来审视教育，无论是教育观、质量观，还是认识论、方法论，对教育及课程都要“目中有人”，对此，我们应该格外关注，笃信力行。任何一个教育学派都会全力解读教育“培养什么人”等核心问题。

现代教育哲学告诉我们，教育具有社会价值。教育致力于将人从自然人培养为社会人。

人的社会价值，决定了人作为学习者，能够在全面发展中获得生命的意义和个性的追求，这反映了教育本质。这些有利于从根本上认识、把握澳门非高等教育课程改革，有利于澳门社会经济持续稳定繁荣、“一国两制”伟大事业薪火相传。

二、课程教学论

现代课程论认为，学校一切皆课程。课程是一个内涵丰富的概念，可分为决策层和运行层。它常以系统设计显示决策，以课堂教学进行行动，两者辩证统一构成教育本真。

为达成培养目标而组织的课程教学活动，由课程目标、课程结构、课程内容、教学行为、评价方法等要素构成。建立完整的课程教学体系，以恰当的教学策略完成相应课程内容。这是课程教学内涵所在，也是课程教学质量指向，由此构成的课程改革必然是一项系统工程，需要从课程教学多个维度去思考分析，寻求解决方案。

当前世界课程改革发展，越来越强调学习者主体地位和主观能动性，然而那种以知识传承为主的教学，还是难以摆脱教师主宰课堂的局面。因此，变革教与学的方式成为迫切的需求。

教师是学生学习的积极引导者、促进者，学生是学习活动的主动参与者、探究者。随着时代的变革，一个人的成长过程中，单纯知识的作用显得越来越无力，关键在于能够运用所学知识解决问题。知识建构过程中形成的实践能力、创新思维等，已成为学习者终身受用的核心素养。

这要求我们能够正确感知与精要提炼课程目标、课程结构、课堂教学、课程评估等要素构成及其内外关联。

三、课程领导理论

20世纪80年代，管理学界兴起一种新的领导理论，认为一个成功领导者的角色是倾听、合作、协调，而不是命令、控制、监督。

这种管理思想与追求民主、公平、正义的社会思潮相呼应，广泛影响着社会变革。教育领域也随之开始探讨管理者角色向领导者角色转型的问题，课程领导理论得到研究和应用。

课程领导理论体现一种民主、合作、互动、和谐、开发、多元、包容的人文思想。它基于以人为本的理念，强调突出人的主体地位，重视组织中每个成员的价值，通过调动大家的主动性、积极性、创造性，共同实现愿景。

课程领导，有别于传统意义上的课程管理。它是各种课程利益主体，如政府、学校、教师及教育市场，通过合作、对话等方式，民主参与课程决策，进行课程设计，分享课程权利，最终达成共同的课程目标。

第四节　研究方法

一、历史研究方法

把澳门非高等教育课程改革与发展，置于特定的历史、社会、经济、文化背景中，旨在解释其发生原因与发展过程，以纵、横的结构方式，将课程理论分析和教学实践描写相结合，既阐述特征，又予以解释。

二、比较法

关注课程改革趋势，扩展研究视野，依各地实施要点，归纳出对于澳门课程改革的启示，择要作出比较解释，以揭示澳门课程改革与发展的路径走向、特点优势与值得探讨的问题。

三、文献法

汇集各项相关资料，主要有法律文本及政府公报等，包括有关课程计划、教学设计和教材、补充教材等。对课程改革起到关键影响的教育制度、课程政策进行分析，勾勒出澳门非高等教育课程改革与发展的路线图。

四、访谈法

主要采用半结构式深入访谈法，重点访谈当年负责制定课程政策的主要代表，并进行质化分析，以全面了解这场持续多年的澳门非高等教育课程教学改革，把握其思想基础与行动脉络。

第二章 澳门课程发展沿革

教育是一种文化传递。

从历史视角考察澳门教育及其课程，离不开观照其自古以来与祖国母体的血缘关联，透视它受葡占影响曾产生的变异，以及其对中华文化矢志不渝的坚守。

教育与社会、经济、文化息息相关，密不可分，由此形成的地域特点，构成了课程改革与发展的历史逻辑与现实基础。

随着澳门回归祖国，特区的非高等教育课程在较短时期内经历了复杂的演变过程。教育制度直接对它产生了重要的影响。

澳门非高等教育课程改革与发展是时代的抉择、民众的期盼、世界的趋势、历史的必然。只有从实际出发，整体设计，逐步完善，课程改革与发展才可能走上稳步推进之路，才能满足社会与民众对教育的需求，才能实现教育为“一国两制”伟大事业作出应有贡献的目标。

第一节　早期课程回眸

一、课程的滥觞

澳门开埠前教育，主要为学塾、书屋、社学，与内地明末清初时期的教育一脉相承，多为应科举、教识字、以策生活所需或化民成俗而设立。有专家考证，现沙梨头土地庙更馆社学遗址、普济禅院附近黄东旸书屋，以及望厦村赵氏父子先后于乾隆丁酉科（1777 年）、嘉庆辛酉科（1801 年）中举等，都是中国古代私塾教育在澳门的历史见证。① 可见澳门兴学由来已久。

明清时期是中国私塾教育发展的鼎盛期。塾师多来源于秀才、儒生，坐馆收生视学，且根据学童程度分为蒙馆、经馆两种。蒙馆为初级启蒙性质；经馆则层次较高，以研习儒家经典为主。所授课程内容，包括《三字经》《千字文》《孝经》《小学》和四书五经等相关内容，以文史知识和道德教化为主，主要有正句读、诵书、歌诗、习书数、教礼仪等教学活动。澳门初民当时所受私塾、社学教育，也不例外。所授课程虽然内容浅显，笼统综合，重人文，轻实用，但也初步显示出传统课程雏形。

16 世纪中叶，葡萄牙人开始占据澳门，澳门成为葡萄牙人在远东开展贸易的据点。当时，天主教为扩大传教规模跟随商船一起来到远东，选择澳门作为传教基地。教会办学主要实施基础教育，也有高等教育。16 世纪中后期，耶稣会在澳门创办圣保禄公学，后升格改为圣保禄学院（现仅存大三巴牌坊），圣保禄学院是澳门最早的高等

---

① 刘羡冰：《澳门教育史》，人民教育出版社，1999，第 8 页。

教育机构。[①] 此后，教会学校纷纷设立，成为澳门西式教育肇始。

19 世纪始，受到经济多元化发展、外国商务人员准许居留和欧洲新教育制度等因素的影响，澳门出现多种教育需求，催生了平民教育。澳葡当局开办了针对葡萄牙人的官立学校；部分教会学校也开始转轨为面向平民的世俗学校；华人社团也筹资办学，解决华人子女的教育问题，出现一批平民学校，如灌根学堂、培基学堂、崇实学校、镜湖义学等。[②] 于是，澳门教育多元化的格局开始形成。

20 世纪前后，受西方思潮影响以及维新变法运动的推动，尤其是 1904 年由清政府颁布的“癸卯学制”及“中学为体，西学为用”教育思想的影响，以陈子褒为代表的一些开明教育家也开始创办私立中文学堂，使澳门中小学教育及幼儿教育课程进入了近代始萌期。

二、课程转型时期

近代百年，澳门沧桑变迁，东西方文化在这里交汇。一方面是西式教育纷至沓来，另一方面是华人教育不断兴起。教育呈现出多元、包容、共存的特殊现象，近代中小学课程逐步形成，但往往结构单一、秩序散乱，缺乏严格意义上的课程建构。

随着西方国家先后进入资本主义社会，由于生产发展、科学进步、资本主义自由竞争的需要和对外扩张政策的推行，以及心理学、教育学等研究的深入，学校教育初步建立起纵向分科化的中小学学科课程体系，主要有：数学和一系列自然学科，如物理学、化学、植物学、动物学；新人文学科，包括现代本民族语言、外国语言、宗教

① 李向玉、谢安邦：《澳门现代高等教育的发轫——东亚大学的创立和发展（1981—1991）》，高等教育出版社，2017，第 22 页。

② 同上书，第 18 页。

（或公民）、历史、地理；体育和艺术；劳动；等等。这为澳门现代课程建立和发展，带来了新的参照。各所学校纷纷仿效，竞相开设这些课程。

抗日战争时期，广州一批知名中学避难南迁，将当时新的教育思想与课程体系带入澳门，迅速影响到澳门的课程，尤其是一批社团学校，初步建立起学科课程，逐步形成各自的逻辑结构，并得以延续。

直至20世纪80年代，这一深受内地影响的课程体系，在澳门学校基本确立。同时，一批教会学校采用西方教育课程体制，也趋于成熟。

21世纪前后，内地进行新一轮课程改革，澳门教育显示了类似的发展轨迹。澳门社会坚守中华民族传统文化，教育深植母体文化基因，跟随母体节律行进。只是那段被迫孤悬一隅的特殊岁月，因为办学背景不一，所处环境不同，才造成澳门非高等教育及其课程的特殊现象。

第二节 "八仙过海"课程现象

一、社会经济文化对课程的影响

往昔澳葡当局与华人社会在政法体制、管治权限、经济生产等各个层面，有着矛盾、冲突，经历着相互调适的过程，在碰撞中逐步形成一种比较特别的社会治理模式，社会事务一般由葡人与华人各自担负。

澳葡当局长期漠视占人口绝大多数的华人的教育，因而出现官立学校少而私立学校多的现象，私立学校吸纳了澳门90%以上的学生。

然而，澳葡当局采用“只取不建”的财政政策和近似放任自流的管治态度，把70%的经费投放到仅占学生总数5%的葡萄牙语学校上，私立学校所得津贴无几。[①] 这种状况一直持续到1978年3月才有所转变，澳葡当局迫于时势和压力，开始给予当时符合不牟利私校条件的48所私立学校极少量的资助。[②]

在澳门，文化呈现多样性，岭南文化、客家文化、宗教文化、葡国文化、东南亚文化、海洋文化和内地文化缠绕生长。但是，中华传统文化源远流长，始终保持着主流文化风范。

澳门教育也循各自所需，或因传教，或因谋生，或因慈善，出现大量不同办学实体，自由兴办各类学校或成立各种教育机构，形成了多元、杂乱、无序的教育生态与课程现象。

二、多元化办学和多样化学制

除少数官立学校外，无论是教会学校，还是平民义学、一般职业专门学校，都是民间自发筹资设立。澳葡当局少予资助，疏于管理。监管的长期缺失，导致多元化办学和多样化学制。

至回归前，澳门教育存在三大体系、四种学制。这里根据刘羡冰的研究[③]，将其分列出来，并按1999年官方公布的数据，标明学生各自所占的比例：

第一，“六·三·三”制，即中国学制，是沿用海峡两岸的学制，其学生人数占全澳80%左右。

---

① 缪鸿基、何大章、雷强等编著《澳门》，中山大学出版社，1988，第198页。

② 温学权、杨珮欣主编《会史留声：澳门中华教育会口述历史》，澳门理工学院，2015，第85页。

③ 刘羡冰：《澳门教育史》，人民教育出版社，1999，第28页。

第二，“六·五·二”制，即英国学制，澳门的英文学校采用，学生人数占全澳12%左右；而大多是一校之内，设中、英两部，如粤华、圣罗撒、圣心等中学。

第三，“四·二·六”制，即葡国学制，在四年小学与六年中学之间设两年预备中学，该制的学生属极少数。

第四，“六·五”制，即中葡学制，20世纪初澳葡当局开始设立供华人子弟就学的官校，教授中葡双语，至1950年正式命名为中葡学校，学生人数经大力催促，仍不足全澳的6%。

考察多种学制并存的原因，除了澳葡当局对教育长期奉行放任自流政策之外，澳门缺少高等学校，未能构成完整的教育体系，也是一个重要因素。各校只好按照自己办学实际选用不同的学制。

多学制并存，一定程度上导致澳门非高等教育及其课程的乱象。同时，因为澳门幼稚园的第三年普遍为小学预备班，所以中小学学制多样化也助长了幼儿教育的小学化倾向。

三、自由自主的课程与教材

这种依靠市场调节的状况，一直沿袭下来。特别是1938—1975年，澳门受时局影响较大，曾出现三次移民潮，人口剧增，教会学校鼎盛，社团办学大量增加。各所学校因应各自的情况，采用不同的课程与教材进行教学。

教会学校，如圣心中学、粤华中学等校的课程设置，比较集中反映了西方课程架构。

社团创办的学校，如镜（湖）平（民）学校、孔教中学（后与银业小学合并成教业中学）等校的课程设置，普遍带有传统课程色彩。

抗日战争时期南迁的学校，如培正中学、广大中学等，则较多地沿袭了广州的课程风格，在澳门进行了移植或嫁接。

澳门学校充分享有办学自主权，各校课程自主多样，学生升学去向各不相同，因此教学内容及教材选用也各不相同。

葡国学制学校，按照葡国课程，使用葡文教材。

教会学校，因为学生升学去向多为欧美，所以课程与欧美国家的课程有很大的一致性，多采用英国教材。

传统中文学校，学生升学去向多为中国内地，课程设置多接近内地，所以普遍采用内地教材。也有一些学生升学去向为中国香港或中国台湾的，学校多选用港台课程与教材与之接轨配套。

四、《澳门教育制度》成一纸空文

历史上澳门多种法律文本都明确规定，政府不得直接干预私立学校课程，“尊重并确保教与学的自由”，“不得以任何哲学、美学、政治、意识形态或宗教信仰的方针规范教育内容”。学校在办学及课程教学上拥有高度自主权。

澳葡当局在 1991 年颁布《澳门教育制度》。这是澳门历史上第一部成文的教育法规。随后，又相继推出一系列课程条例。从其课程政策精神及指向来看，澳葡当局为适应变迁，发挥过渡期教育制度的社会功能，强调课程应培养学生“完整人格”。这种课程观成为指导澳门课程发展的理论基础，是当时社会对教育所作出的诊断，自然也不可避免地留有葡萄牙的法规痕迹与教育精神。

由于立法精神和制度的局限，尤其是政校之间关系等问题未能真正解决、财政缺乏相应投入与保障、强制推行葡语教学，《澳门教育制度》引起教育界很大争议，在立法会上也被讨论不休。

在多样化办学格局、多元性课程路径下，各学校之间校情差异大，课程设置不一，教学内容有很多差别，语言政策也存在很多不同之处，教学目标具有极大的不确定性。这种教育制度，既缺乏相应基础，也没有社会共识，更不符合时代发展趋势，难以在私立学校推行，最后只能成为“一纸空文”。

这里有制度政策的立法配套原因，但主要还是一个立法精神问题。澳葡当局的“夕阳政策”，意欲在离开澳门前留下一份“教育遗产”，所以从一开始就决定了不可能与社会公众达成共识。

这也表明，澳门教育对课程的整体性关注始于20世纪90年代初，但仅仅是提供一个最基本的课程框架，并没有成为一场实质性的课程改革。

综上所述，回归前澳门的非高等教育课程，表面看似多元，实则散乱无序。

第三节　时代呼唤优质教育

一、世界教育发展的共同主题

优质教育是世界教育改革与发展的共同主题，也是澳门教育所持续追求的方向。

进入21世纪以来，随着互联网时代的飞速发展，在百年未有之大变局下，国际竞争更趋激烈，人们对优质教育的期盼越来越迫切。

从这一意义上说，课程教学标准直接反映了优质教育的程度和水平，是实现优质教育的关键与焦点。

例如，在亚太区域不同国家或地区，追求优质教育已成为教育改革与发展的重要主题，尤其是在教育政策和制度的制定上，常常会使用不同形式的指标，进行教育质量评估，并且设置课程教学所须达到的基准，以确保学校教育表现符合优质教育的要求。

中国内地以新一轮课程改革为契机，组建教育部基础教育质量监测中心，这对全面提高教育质量予以进一步监督和保障。中国香港也为此专门设立“优质教育基金”，以促进教育质量的提高。

在这样的背景下，澳门一直以来陈陈相因的教育制度与课程体系面临严峻挑战，但也蕴藏了新的机遇。

二、民众迫切的实际需要

在回归祖国之前，澳门民众受教育程度普遍偏低，教育体系也不完善，教育制度存在较大缺失。回归之后，澳门教育进入了崭新的发展时期。

尤其是在2003年后，澳门的教育发展已开始具备相应条件，从“量”的扩张期进入“质”的提升期。一方面，随着出生率回落、移民潮退去，原有的班额与学位已显充裕，有利于实施小班教育；另一方面，民众对教育的需求也日益提高，从以前满足于“有书读”，转向希望“读好书”，且愿望越来越迫切。

澳门权威民研机构曾就市民最关心的七项“生活素质议题”展开调查，结果依次为教育、医疗、人力资源、住屋、环保、公共交通、文化设施等，教育议题高居首位，表明优质生活需要优质教育，教育是社会各界最关注的核心问题。①

事实的确如此，澳门回归祖国二十多年来，路子对、政策好、身

---

① 谢志伟:《生活素质提升从教育开始》,《澳门日报》2005年4月29日B01版。

段灵、人心齐。满足民众对优质生活、优质教育的向往，正是特区政府施政凝心聚力的一大重点。

三、现实经济基础提供保障

过去，澳门教育基础薄弱，教育经费捉襟见肘，与周边地区相比存在差距。特区政府成立后，稳健施政、力图变革的治理理念及举措，推动澳门社会经济趋好。教育经济条件也得到较大改善，特区政府已有能力逐步加大对教育的投入。

特别是在 2002 年，首任行政长官何厚铧先生以其过人胆略和远见卓识，开始打破澳门 40 年来的博彩专营体制，使博彩业进入从垄断到竞争的新成长阶段，发挥产业集聚效应，极大地提升了澳门全球竞争力，从而带动旅游业、服务业、会展业等快速发展，为澳门经济发展注入新动力，使财政收入不断攀升。

澳门实际 GDP 总量由 1999 年 55 亿美元迅速上升至 172 亿美元，年均增长率达 12.16%；财政收入大幅增加，并持续盈余，1999 年仅为 3.07 亿澳门元，2008 年在世界经济危机背景下盈余仍大幅增至 251.33 亿澳门元。①

近年来，随着国家落实“一带一路”倡议、推进粤港澳大湾区建设，澳门发展驶上了快车道，经济适度多元发展已初见成效。澳门特区政府统计暨普查局数据显示，2018 年澳门本地居民人均总收入为 614 950 澳门元，社会就业率达到 98.2%，特区政府财政盈余超过 5 000 亿澳门元，发展势头强劲。

特区政府对教育高度重视，保持教育经费逐年增长。2007 年

---

① 庞川、马早明、林广志：《澳门高等教育研究》，澳门文化公所，2019，第 283 页。

开始，澳门全面实施十五年免费教育，涵盖幼儿教育、小学教育、初中教育和高中教育各个阶段。由政府按照学校所招收的学生人数（后改为班级数）给予足额的教育津贴，保障各私立学校运作顺畅。

在澳门特区政府的主导下，教育制度不断完善，逐步建立起适应澳门社会经济发展的非高等教育新课程体系，澳门地区教育不断向着优质教育的目标迈进。

“一国两制”下，澳门社会经济发展对学校课程提出了新的要求。随着澳门回归祖国，澳门与内地的联系更加紧密，港澳个人自由行、跨境自由贸易区等举措，使澳门与内地经贸合作、文化交流日趋频繁。特别是“世界旅游休闲中心”“中国与葡语国家商贸合作服务平台”“以中华文化为主流、多元文化共存的交流合作基地”等发展定位，对澳门学校教育及其课程将是一个新的考验，应当进一步发挥澳门自身历史条件与独特优势，加快打造国际化都市，使其成为祖国连接沟通世界的桥梁。

四、顺应社会发展需要

坚守爱国主义教育核心价值，传承弘扬中华民族优秀传统文化，成为回归后澳门学校教育必须遵循的重要方向。

如何正确反映并处理好与外来的、现代的、多元的文化之间的关系，是澳门课程改革与发展需要回答的问题。

在语言课程领域，澳门存在“三文四语”［中文（普通话、粤语）、葡文（葡语）、英文（英语）］政策，中文教育特别是普通话教学需要继续加强，而葡文不能淡化，英文又为世界交往所必需，它们之间的语言教学关系应得到妥善处理。

在澳门经济当前仍以博彩旅游业为主的情况下，赌权开放和博彩业务所带来的负面因素，也会对青少年的健康成长产生不利影响。

这是澳门回归祖国后，学校教育与课程教学所必须面对的一个重大课题。

所以，实施课程改革，提升教育质量，既是澳门教育追随世界教育发展步伐的必然，也是澳门回归后民众对特区政府、对美好生活、对教育发展的迫切要求，更是教育主动适应澳门政治、社会、经济、文化等方面建设的时代需要。澳门非高等教育的课程改革，呼之欲出。

第四节　课程改革阶段性演进

一、过渡期（1999—2002 年）

澳门回归初期，百废待兴。特区政府首任行政长官何厚铧先生在 2000 年发表第一份施政报告，以“固本培元，稳健发展”为主题，对教育领域强调“培育世纪人才，建设美好明天”，重点集中在建立、推行基本的教育制度，通过加强教师培训、审订教学大纲、完善教育设施等措施，改进原有制度，确保平稳地向新教育制度过渡。

临回归前，澳葡当局迫于政治形势，开始接受教育公共化观念，制定《澳门教育制度》，接着又颁发各个教育阶段课程组织法令。

《澳门教育制度》作为澳门历史上第一个教育制度与课程政策文本，虽然未能推行，但具有较大影响，回归后课程改革必然会与之产生联系。

为此，笔者专门访谈了澳门回归后担任澳门特区政府教育暨青年局副局长、后升任局长的苏朝晖先生：

澳葡当局第11/91/M号法律《澳门教育制度》，主要还是延续了葡萄牙教育精神，坚持了一些重要的教育理念，如“教育是人的基本权利”“教育机会均等”“教育民主化、多元化”等，也提出关于学制、课程的统一要求，特别是强制性推行葡萄牙语语言政策，并与免费教育津贴挂钩，引发很多争议，遭到民众强烈反对。当时就有澳门中华教育会与澳门天主教学校联会破天荒发表两会联合声明。后来，该法规经过长时间的讨论，最终直到回归前，才算基本建立起一个教育制度。

这就成为特区政府成立后，首先要面对的制度性规范问题，也是澳门回归初期教育要做好的转换工作。因此，回归后，“一国两制”下澳门教育向何处去、怎样办，就是我们制定《非高等教育制度纲要法》的基本考虑。

这是特区政府赋予教育的使命，以爱国爱澳的社会核心价值，寻求教育价值最大公约数，画出特区发展最大同心圆。

回顾分析这一时期的特点，笔者认为，至少有以下三点值得深思。

第一，这与澳门当时非高等教育的整体课程生态有极大关系。从一定意义上说，澳门“价值多元”“依赖型”的课程，往往由于学校办学实体背景不同，导致办学宗旨大相径庭，升学去向也有很大不同，自然形成学制差异、课程不同、教材不一，对教育及课程的认知必然难以统一。

第二，学校课程的改革，对于向来没有享受教育财政公平，又具有办学自主权的传统的私立学校而言，具有重要的引导性意义。因此，在教育立法精神中，研究调整政府与私立学校的关系，处理好制度政策上的共存共策机制，并完善其有利于学校发展的相关配套措施，显得十分必要。

第三，回归前所制定的基本教育制度与课程政策，最终虽然没有在私立学校施行，但作为“潜制度”存在，与回归后进行的课程改革存在关联，留下了许多基础性路径。

“一国两制”下澳门教育的发展，必须寻求“教育价值最大公约数”，从根本上作出新的调整。

因此，特区政府明确提出，澳门已经回到祖国怀抱，爱国主义和公民意识应在整个教育领域内得到足够重视，并切实推行。

二、调整期（2003—2005年）

随着澳门发展新定位的确立，社会经济发展充满新的希望。这一时期的澳门教育在逐步过渡、不断转换中，积极谋划新的调整，进步较为明显。其间每年的施政报告都提出了符合实际的改进策略。

例如，继续强调并坚持“强化爱国主义、公民意识、品德教育及人文素质”，指明这是澳门教育必须高度重视并付诸努力的方面。

又如，加强“资讯科技教育”“小班教育”，研究“教学/课程标准”，推动“教师专业发展”等，为教育发展作出积极调整，开创特区教育新局面。

特区政府2002年度施政报告特别提出要评估澳门教育制度，并计划进行修订。教育委员会也成立相关工作委员会跟进相关的工作。

苏朝晖先生在接受访谈中指出：

> 2003年6月，澳门特区政府教育暨青年局提出澳门教育制度修改建议，公开向民众征集意见。它以“持续进步，发展有

道”为题，是教育发展稳中求变的重要策略指引，意思是在力求发展的同时，时刻保持对澳门教育发展路向的探索，不跟风，务求实，立足当前，放眼未来，致力提高教育质量。

因为这次教育制度法律的修改，关系到全澳年青一代的成长，关系到澳门未来社会发展。我们渴望能更全面和深入地了解民众的意见，期待修改的结果惠及下一代，最终把澳门建设得更进步、更美好。

这宛如吹响了教育改革的号角，特别是为课程改革与发展作了充分准备，创造了有利条件。随之，以“致力教改准备，推动人文发展”为主题，澳门特区政府提出全面检讨教育正当时，强调所有教育元素与环节，如学生、家长、校政、师资、招生、入学、课程、教学、考试、毕业、升学等，必须全部紧扣提升学生文化素质和人文素养这个最终目标。

2004 年 3 月，澳门教育制度法案咨询意见稿出台，经过多次的咨询及修改，2006 年 7 月经特区政府行政会通过，送请立法会审议。

三、巩固期（2006—2010 年）

2006 年 12 月，特区政府正式颁布《非高等教育制度纲要法》。

这在澳门教育史上是逢山辟路之举，开创了澳门非高等教育发展新局面，无疑具有划时代意义。尤其，《非高等教育制度纲要法》重新调整教育总目标，为课程改革与发展指明了新的方向。它以教育制度变革为先行，以优质教育发展为目标，系统重建了澳门的教育制度和课程政策。

由于有了教育制度变革这一基本前提，优质教育发展乃至课程教学改革，才有了正确方向与必要条件。

例如，打破长期以来把非高等教育局限于学校“正规教育”的传统，建立学校、家庭、社会三位一体的“大教育观”，把着眼于终身学习的“持续教育”作为澳门教育系统中的一个重要子系统。

完善教育经费投入机制，为私立学校发展作出财政保障，并历史性地宣布实施十五年免费教育。凡进入免费教育学校系统的私立学校，均不向学生收取学费，而是由特区政府按教育津贴标准，予以足额资助。

改革学制，成功破解了过渡时期教育界争拗不休的难题，有利于课程改革顺畅启动，确保优质教育得以落实。具体办法是：把“小学教育预备班”改为“幼儿教育第三年”，使幼儿教育的定位更符合教育原理；将一直有争议的高中学制确定为三年。这样，澳门非高等教育学制统一为“三六三三”，即幼稚园三年、小学六年、初中三年、高中三年，对接大学四年，完善了澳门符合本土化和国际化趋势的教育体系。

同时，在原有基础上逐步扩大免费教育范围，直到后来实现幼儿教育至高中教育的全面覆盖，进一步保障居民受教育权。这走在了世界教育发展的前列。

《非高等教育制度纲要法》的颁布与实施，不但有力地巩固了特区政府自回归以来对教育所进行的过渡与调整成果，而且为进入下一个全面提高期作了系统的制度安排。

四、提高期（2011年—至今）

2011年5月，经公开咨询后，《非高等教育发展十年规划（2011—2020年）》予以公布，确定了非高等教育未来十年发展方向、目标，提出了相应的保障措施，并规划了未来发展重点，包括加大教育投入、建设专业师资队伍、加快实施小班制、深化课程教学改革以及教育开放与区域合作等，明确澳门非高等教育高质量发展路径。它所绘就的蓝图，成为这一阶段澳门教育界凝心聚力的行动纲领，调动全社会力量共同促进教育事业发展，引领学校与教师一步一个脚印砥砺前行。

2015 年，澳门特区政府教育暨青年局开展《非高等教育发展十年规划（2011—2020 年）》中期评估，系统检视执行情况和工作经验。① 结果显示，澳门教育发展取得了可喜成效。通过中期评估，教育部门对结果制定和实施过程作出必要调整。例如，在完善教育法规方面，为适应新形势下进一步规范办学行为，完成私立学校通则的修订草案，启动立法程序；在推进课程改革与发展方面，着手研制学生综合评核制度，以促进所有学生学习取得成功，全面提高教育教学质量。

为进一步推动《非高等教育制度纲要法》的实施，各项相关的补充法规经过充分酝酿讨论、公开咨询、研制修订，在这一阶段先后颁发，从法律层面明确了澳门非高等教育的思想、目标、原则及实施办法。

2012 年，《非高等教育私立学校教学人员制度框架》颁布。在提升教师专业发展理念的指引下，该框架既维护了教师的长远利益，又不妨碍私立学校自主办学，通过制定具有法律约束力的制度，明确教师工作的权利、义务等，为课程改革与发展提供了重要保障。

自 2015/2016 学年开始，《课程框架》及“基本学力要求”在幼儿教育阶段全面实施，并于 2016/2017 学年在小学一年级至三年级有序推进，取得了较好成效。

---

① 澳门特区政府教育暨青年局：《2015 教育暨青年局年刊》，2016。

在这个基础上，澳门特区政府教育暨青年局又分别公布了初中及高中两个教育阶段的“基本学力要求”，采用每年上延一个年级方式，于2017/2018学年率先在初一、高一实施，2019/2020学年在中学所有年级全面实施。中学课程教育将通过多元化课程设置，丰富学生学习经验，增加社会实践经验，扩大知识面，提升沟通、协作及实践、创新能力等，进一步增强中学生的公民意识，培养他们继续升学及就业所需要的终身学习能力。

2016年10月，“澳门非高等教育制度研讨会暨成果展”举行，全面回顾、检视澳门《非高等教育制度纲要法》颁布十年来的主要进展和取得的经验。各种展示成果和大量数据，无不表明澳门教育自回归以来，特别是2006年《非高等教育制度纲要法》颁布之后，在朝着优质教育目标的持续迈进中，创造了一个又一个辉煌。

澳门课程改革，以实现优质教育为目标，以系统建立和全面实施《课程框架》及“基本学力要求”为标志，在调整和提高中，不断走向深入、走向科学、走向完善，全面落实《非高等教育发展十年规划（2011—2020年）》，确保教育质量日益提高。

本章小结

本章主要对澳门非高等教育课程发展沿革作出历史爬梳，概述课程长期以来混杂、散乱、无序的特殊现象，勾勒了回归后课程改革与发展的四个演进阶段及其特点，联系社会、经济、文化等因素，揭示澳门课程之所以有别于邻近地区的历史发展逻辑。

这些特殊现象，不仅说明受历史影响澳门教育及课程具有自身特点，而且也是澳门课程改革所要面对并慎重处理的问题。尤其是在以私立学校为主体的情况下，政府对教育的投入、学校经费使用、教育制度重构、基本学制统一、优质教育目标共识等重大课题，都是特区政府及教育部门需要直面并予以解决的。

澳门的课程改革与发展，首先从教育制度变革开始，核心在于追求教育的内在价值，崇尚教育正义，确保教育公平，尊重办学自由，以高起点、高定位、高目标谋求教育高质量发展的方向和路径，为课程改革作出强有力的基础性、系统性保障。

从制度变革入手，突出体现教育价值，既是制度在课程改革中的地位和作用所决定的，也是由澳门课程发展境况与特点所决定的。这既是回归后澳门教育顶层设计的核心议题，也是破解澳门教育历史难题的良全之策。由此可见特区政府区域治理、发展教育的智慧。

回归祖国以来，今日的澳门是幸福的，澳门的教育也是幸运的，澳门的青少年更是幸福的一代。澳门迎来了花团锦簇的时节，非高等教育也正以昂扬姿态，坚定地向着高质量发展目标迈进。

第三章　课程价值取向与建构

课程教学是学校教育的中心环节，也是教育彰显张力的关键要素。它直接关系到优质教育程度与学生整体发展水平。

回归后，澳门社会政治、经济、文化等发生了巨大变化，爱国爱澳人才培养迫在眉睫。教育如何根据21世纪社会环境变化与需要，提供全人发展的优质教育，使全体学生获得全面、均衡、主动发展，成为具有正确价值观、责任感、批判意识、创新精神和终身学习能力的公民？

这是澳门社会发展的时代抉择。

澳门非高等教育课程改革顺应世界教育发展的趋势，它对教育宗旨和课程价值进行了深刻思考，不仅体现爱国爱澳核心价值，而且实现促进学生全人发展的目标。同时，通过转换课程领导机制，形成政府、学校、教师共同参与的决策合力。两者相辅相成，促使建构的课程体系得到有效实施。

第一节　课程设计价值取向

一、转变课程设计指向及范式

课程设计的价值取向，指课程设计者根据国家和社会发展需要，基于自身的认识，选择并确定课程价值所要追求的方向。这里所说的课程价值，对回归祖国后的澳门而言，就是按照国家宪法和澳门基本法，制定并实施“一国两制”下正确的课程指向及范式。

长期以来，儒家传统文化圈的东方社会，如中国、日本、韩国等，教育宗旨多为培养人的良好品德，注重培养“人”的素养。

工业革命以后，受到西方影响，出现以“人力资本”为核心概念的教育经济学，世界教育政策基本上受经济话语支配。显然，从国家层面看，这是为了提升国际竞争力；从个人角度说，这可以提升就业能力，增加就业机会。经济话语对教育产生了深刻影响。

教育成为一个值得投资的项目，这很快形成一种全球趋势。各国政府争相增加教育投入，以寻求社会回报，如生产力提高、国内生产总值（GDP）增长。市场经济下的教育，把“人”（human being）作为“人力资源”（human resources），导致社会上普遍认为人力资本雄厚，经济便发展得快，教育回报就高。

在工业社会发展的顶峰时期，这无疑是符合当时社会对教育的需求的。从工业生产的视角思考，人不外是社会生产需要的“劳动力”。只有把人进行分类、分等，输送到生产线上，才能体现大规模生产分工明细、组织严密等特点。但是，从教育本质审视，这样的教育已演变成切割和分化人类的“机器”一般的工具。

时代发展到今天，教育本质究竟是什么？是顺应社会性规格的外在要求，还是注重教育对象的内在需要？这是课程改革中不得不注意的两种范式。“人才”“人力资源”的提法，已愈来愈被“以人为本”所代替。

那么，澳门在回归祖国以后，非高等教育所面临的任务，应该是以学生发展为本位，重构教育体系，实现课程价值，更自觉地体现“全人教育”思想，更好地提高人的核心素养，践行“一国两制”下的育人使命。

二、选择核心素养走向课程的路径

核心素养的培养，已逐步成为当前世界教育共同的趋势。

在澳门非高等教育课程改革的决策中，无论是《课程框架》，还是“基本学力要求”，都以学生核心素养为中心。这显然已经跨越了原有的传统范式，为学校的课程教学与评价，注入了新鲜血液。

那么，21世纪公民究竟应具备哪些核心素养？

1996年联合国教科文组织的报告《教育——财富蕴藏其中》，最早关注这一问题，提出四大支柱，即学会求知、学会做事、学会共处、学会生存。

经济合作与发展组织在1997年明确提出“核心素养”概念，并组织学者开展核心素养框架编制工作；2005年形成《核心素养的界定与遴选：行动纲要》，推动核心素养框架的实践与应用。

2002年美国正式启动21世纪核心技能研究项目，努力探寻那些可以让学生在未来获得成功的必备技能，建立21世纪技能框架体系，并于2007年发布更新版。

2005年欧盟发布《终身学习核心素养：欧洲参考架构》，为欧盟各国教育政策制定，尤其是课程改革，提供了方向与指引。

2016年中国教育部颁布《中国学生发展核心素养》。核心素养主要是指学生应具备的、能够适应终身学习和社会发展需要的必备品格和关键能力。

可见，核心素养已成为世界各地课程发展的基本思路。

然而，核心素养要走向课程，还得选择付诸实践的路径。因对核心素养的理解不同，不同地方选择的路径也不同。

内地于1978年提出“双基”（基础知识、基本技能），2001年提出“三维目标”（知识与技能、过程与方法、情感态度与价值观），现在以培养“全面发展的人”为目标，提出“核心素养”，并将它分为文化基础、自主发展、社会参与三个方面，综合表现为人文底蕴、科学精神、学会学习、健康生活、责任担当、实践创新六大素养和十八项基本要点，建立由核心素养演化成的课程体系。

内地核心素养走向课程的路径，是全面覆盖、由上至下、逐级推进的。这一路径符合内地情况，起点高、铺展快、拉动面广，显示出独特的优势。

台湾地区将核心素养视为课程发展与设计的关键，课程纲领、课程基准、课程目标、课程内容，都是由此推导而生。从各教育阶段，到各学习领域、学科科目，再到学习重点，这样层层转化，最终落实于课程实施。

澳门的课程决策，有别于内地，也有别于台湾地区，将核心素养理解为课程编制中应当重点关注的“关键素养”，并不是学生需具备的“全部素养”。诚如郭晓明提出，核心素养应作为课程的“内核”，以渗透的方式融合于课程。①

---

① 郭晓明：《核心素养与澳门非高等教育课程框架的改革》，《澳门研究》2016年第4期。

这是澳门非高等教育的课程决策中一个重要的课程思想，也是澳门特区自身进行课程改革与发展的路径选择。

澳门的课程改革与发展的路径，有自己的规划。它遵循各学段、各学习领域及科目的课程框架，为学科课程发展预留很大的自主空间，有利于突出不同科目的特点，但必须加强核心素养的关联性或者共通性研究，并在各科目教学中予以落实。这也成为课程教学的关键所在。

第二节　课程改革决策领导

一、把握制度变革实质

澳门教育制度逐步完善与教育发展方向不断调整，成为课程改革与发展的基础。这既为课程改革创造了条件，也给课程发展提出了任务。

从内在实质分析，澳门教育制度变革主要在以下几个方面涉及课程决策领导。

1. 正义性

这是教育制度基本属性，也是课程基本价值。它突出表现在充分关注教育过程中的弱势群体，为他们提供政策援助，保障平等教育机会。

2. 公平性

这需要明确政府职能定位，以促进社会公平为主要责任。它反映在教育制度上，就是政府对学校教育及其课程发展的投入机制，以及在课程资源再分配方面，必须公平。

3. 保护教育自由

它体现在澳门教育制度中，就是坚持教育民主，坚持政校共同参与，充分尊重学校办学的自主权，制度安排弹性化，这对课程而言尤为重要。

4. 理顺政府、市场和学校之间的关系

理顺政府、市场、学校三者之间的关系，不仅直接促进教育公正，也确保课程改革相关政策措施全面配套到位。

譬如，2012 年制定《非高等教育私立学校教学人员制度框架》，从法律层面提升了私立学校教师专业素质和职业保障，标志着澳门私立学校教师制度基本确立，具有历史性意义。它在私立学校教师职程、课时量、评核、福利保障及相应的义务权利等方面作出规定。

在制度制定过程中，政校间也存在诸多分歧，但可以通过讨论、平等沟通达成共识。例如，教师每周课时量，控制为中学 16—18 节、小学 18—20 节、幼稚园 21—23 节，比原来各减少了 6—8 节。其中，解决问题的最有效方法，是政府提出的“优化班师比或班师比资助计划”。该计划引导并鼓励私立学校提高班师比，从而使学校把教师周课时量降低到一个相对合理的水平，且不因为课节数减少而减薪。

又如，教师从六级至一级的职程薪金差幅，与政府直接发放的专业发展津贴差幅，采用“双轨制”，即各私立学校实行一级教师与六级教师的月基本工资之间应有百分之三十或以上的增长，政府直接发给私立学校教师的专业发展津贴，实行一级教师是六级教师的 1.8 倍。这都是从正义、公平、弹性、包容出发，进行多方磋商而制定的，为后续展开课程改革创造了良好条件。

二、重新定义教育

定义教育，是对教育思想的基本概括，也反映对教育的理解。它既是开展一切教育活动的根本依据，也是进行各种教育活动所希冀达成的终极理想。

对于课程，定义教育恰恰具有决定性意义与作用。凡是学校不能满足时代要求，往往就是由于教育目标制定有偏差，或是因片面理解教育目标而致方向性失误。这与定义教育息息相关。

那么，澳门非高等教育课程改革与发展究竟往哪里去，如何定义教育，即以怎样的理念指导课程设计与实施，就成为课程领导中必须审视和明确的首要任务。面对时代变革、社会发展的新格局，澳门教育总目标及各阶段目标，应该重新界定，作出调整。

研究澳门的教育及其课程，我们可以清楚地看到它定义教育，不仅是实现教育的社会化功能，而且是立足于全人教育，促进人的全面发展。这主要反映在以下几方面。

全人教育，突破以知识教育为唯一目标的桎梏，转向重视人的整体发展，主张培养学生良好品德与公民素养以及健康生活态度，强调获取知识的能力比单纯的知识来得更重要，使学生兼具科学与人文素养，促进个性发展。

时代精神，充分体现时代要求，注重养成学生终身学习的意识与能力，培养学生具有创新精神、批判意识和运用资讯的能力。

地域因素，密切关注澳门特点与未来发展，促进学生养成国家认同感与社会责任感，正确理解以中华传统文化为主流、多元文化共存发展的历史内涵，与大自然和谐相处。

对教育的这一重新定义，成为澳门课程改革与发展的核心思想，也确立了学校办学的根本指向，以及全面提高教育教学质量的基本标准。

三、建立课程领导新机制

建立课程领导新机制，转换决策方式，特别表现在：一是政府与学校关系的定位，二是政府内部课程决策机制的调整。

澳门回归后，特区政府努力推动非高等教育课程改革，其中最重要、最关键的一步，是于2006年颁布并实施《非高等教育制度纲要法》。它明确规定了澳门回归后，非高等教育的基本原则、教育方针和培养目标等重大政策、制度，为实施“一国两制”下的澳门非高等教育课程改革，提供了根本制度保障与法律依据。

《非高等教育制度纲要法》规定，特区政府以专有法规修订各个教育阶段《课程框架》及“基本学力要求”。同时，它也明确指出，学校只有在遵守上述法规的基础上方可自主发展校本课程。这是课程领导机制的重大调整。

针对澳门私立学校占绝对比例、享受绝对课程自主权的实际情况，特区政府通过法律手段，在回归后把课程的领导权牢牢地掌握在政府手中。

这不但增加了政府在课程管理中的影响力，而且成为“一国两制”下更好地实施爱国爱澳教育的关键。它从根本上保障澳门非高等教育在回归后以课程改革为突破口，着力解决“培养什么人、怎样培养人、为谁培养人”等一系列根本性问题。

四、体现本土化

体现课程本土化，是从澳门实际出发，借鉴吸取国内外先进经验，不照搬内地或邻近地区做法，既承认历史，也立足当下，还面向未来，制定适合澳门的课程制度。

考察澳门课程改革的思路，是一种“两级课程一体化”的整体设计。

第一级，根据特区发展需要，以法规形式，按照基本标准，制定《课程框架》，体现特区政府教育意志。在《课程框架》中，提出优化从幼儿教育阶段到高中教育阶段的课程思想、课程结构、教学原则，确定核心课程及其各项要求，包括具有一定弹性的课程计划、课时等；同时，建立各门学科教学“课程指引”和“基本学力要求”，设立最基础的教学要求保障，做到“下要保底，上不封顶”。

第二级，学校根据自身特点，在《课程框架》内，补充设置校本特色课程。这包括设计选修课程科目与活动课程项目，调整、确定课程计划中具体课时分配，形成整体优化课程结构，也可依据校况学情，提出教学要求。两者密切联系，相互影响，有机结合，构成一体化课程体系。

政府课程起定向作用，同时也给学校留足空间，如课程领域中科目多样化选择，以及以学段总分钟数弹性计算科目课时数等，为课程校本化的建设和完善创造了有利条件。

它既改变了澳门长期以来缺乏课程规范而导致散乱的局面，加强了课程领导与管理的制度导向，也有利于克服课程大一统传统所带来的弊端，发挥学校积极进行课程建设与发展的自主作用，较好地体现了统一性与多元化相结合的现代课程理念。

五、改变工作方式

在澳门这样一个具有“惯于安稳”地域传统和文化背景的特区，

要经历一场课程嬗变阵痛，需有既不断推动前进又令人乐意接受的工作策略。在具体实施课程改革过程中，有些环节值得研究与关注。

譬如，特区政府教育行政部门注重采用“顶层设计、由上而下”和“公开咨询、由下而上”相结合的办法，以更好体现课程改革的科学性与民主性。

课程改革的重点环节主要表现在三个方面：一是课程计划，二是课程标准，三是教材编写。从课程设计规律看，这三个环节应该环环相扣，联动而进。因而澳门的课程改革，首先重点做好《课程框架》设计，接着据此研制“基本学力要求”，再将体现“基本学力要求”作为教科书编写的基本准则。同时，明确要求教师的课堂教学必须落实“基本学力要求”，以保证三大环节设计的连贯性和整体性，也反映出教师在课程教学指向上的一致性和有效性。

课程改革最初在2010年第一批“课程发展先导计划”学校推行，然后逐渐扩大，直至2014年《课程框架》在各学校逐步实施。有关部门期望通过课程改革，提升学校教育质量、教学成效，成就每一位学生，既重视减轻学生不必要的学习负担，也帮助每一位学生开发潜能、开启智慧，促进学习成功。

这样的工作方式，促进了政府与学校、教师以及家长的沟通。以2016年3月至4月这一时段为例，课程改革将在小学教育阶段展开，澳门特区政府教育暨青年局派员到访全澳各所小学，向学校领导、小学教师说明课程改革具体工作及操作要求，并请他们给予支持以协助课程改革顺利实施。①

① 澳门特区政府教育暨青年局：《2016教育暨青年局年刊》，2017。

第三节　课程体系建构

一、课程思想与目标

课程改革与发展，必须基于对教育价值和培养宗旨的思考。

美国课程学者奥恩斯坦指出，在一个急剧变革的时代，必须回答未来的教育到底应该是怎么样的，也就是说未来的社会究竟需要什么样的人，那么现在的教育就应该培养什么人。

面对未来社会和日趋激烈的国际竞争，正如经济合作与发展组织所提出的，21 世纪核心素养突出强调学生应具备国际视野、团队合作精神、创新能力、语言沟通能力、信息素养、社会参与和自我规划能力等。

澳门教育延续了儒家文化的传统，比较重视学生的品德教育和基本知识、基本能力培养，同时受到外来文化的影响。那么，澳门回归祖国后教育应该朝什么方向发展、所培养的“人”的规格应该怎样，成为澳门课程改革与发展的关键。

因此，在充分遵循国家宪法和澳门基本法的前提下，《非高等教育制度纲要法》第四条对“总目标”作出强制性规定，明确指出：教育总目标由“爱国爱澳、厚德尽善、遵纪守法的品格”“有理想、有文化及具备适应时代需求的知识和技能”“养成其健康的生活方式和强健体魄”等方面组成。

根据“总目标”，澳门课程改革与发展的宗旨得以确立，即帮助、促进每一位学生建立正确的人生价值观，在德智体群美等方面得到全面的发展，成为具有对国家、对特区有责任感和创新精神、合作意识及终身学习能力的公民。

围绕课程改革与发展的宗旨，特区政府在 2009 年完成《共建优质教育，促进全人发展——澳门特别行政区非高等教育课程改革与发展蓝图》的编制，提出中、小、幼各教育阶段，都需要重视培养学生六种“关键能力”（阅读与语言能力、运用数学思维与方法的能力、运用资讯科技的能力、沟通与协作能力、批判思考与创新能力、解决问题的能力）、三大“核心品格”（品德与公民素养、健康、审美素养）。

这充分体现了在新时代背景下，澳门作为一个特别行政区，其非高等教育要重视区域发展特殊要求，联系澳门的课程传统，考虑师生实际。同时，努力顺应新情况、新挑战，以不断增强年青一代在参与未来社会发展和全球竞争中的能力。

二、课程结构与内容

“基本学力要求”以上述课程思想与目标为指导，建立课程框架制度，调整课程结构与内容，把“关键能力”“核心品格”渗透到各个教育阶段，渗透到各个学习领域及科目，这是澳门课程改革与发展的核心工作。它反映了以什么样的课程设置、什么样的课程内容，达到什么样的课程要求。

回归前，澳门正规教育的课程由三个法规组成，即《规定幼儿教育、小学教育预备班及小学教育之教育程度课程组织之指导性框架》《初中教育课程组织之指导性框架》和《高中教育课程编排之指导性框架》。这是澳葡当局根据《澳门教育制度》所制定的课程框架。

当时，随着回归临近，澳门社会正面临一次根本变革，教育处于历史转折关头。它虽然反映出澳葡当局力图规范学校课程、实现澳门统一课程从无到有的转变，但是因为未从根本上消除私立学校办学管理体制等方面存在的诸多问题，所以这一个课程制度设计，最终也只能在几所官立学校试行，私立学校还是我行我素。

回归后，特区政府根据《中华人民共和国澳门特别行政区基本法》第五十条（五）项及《非高等教育制度纲要法》第二十二条第二款的规定，于2014年颁布《课程框架》，制定幼儿教育、小学教育、初中教育及高中教育课程的基本框架，内容主要为课程发展准则、学习领域划分、教育活动时间安排，还包括各教育阶段主要科目的设置等。这为澳门非高等教育创建了一套完备、成熟、富有本土意识与特色的现代课程体系。课程结构与学习内容遵循教育“总目标”和“关键能力”“核心品格”，有比较重大的调整，主要表现在如下方面。

在课程科目之上设置学习领域，把知识领域中基本的和相关的概念联系起来。此举有利于整体规划课程内容，保障学生有机会获得多元、均衡的学习体验，促进全人发展，提升综合素养，反映了现代课程在分化基础上走向整合的新趋势。

加强品德与公民教育。在小学、初中、高中单独设立“品德与公民”科目，明确规定该科目在各个教育阶段必须达到的教学活动时间，以有效保证教学活动的实施效果。这对澳门回归祖国后，坚守并加强以爱国爱澳为核心价值的教育，起到了不可低估的作用。

重视文理平衡、体艺兼长，突出个性，和谐发展。中小学教育要顺应世界课程发展潮流，根据澳门学校实际，开设跨学科的综合课程、活动课程，将学科必修课程与活动选修课程作较好的整合，以充分开发学生潜能，为其未来发展有更多的选择提供有利条件。

三、课程实施与评估

在具体的课程实施中，针对澳门本地教育现状及课程教学发展趋势，明确提出各个学段的课程教学重点。幼儿教育阶段，要注重启蒙性，避免小学化倾向；小学教育阶段，要突出基础性，促进学生学习成功；中学教育阶段，要体现发展性，确立志向以及作好生涯规划。

同时，建立课程教学基准。经社会文化司批准，2015年颁布并实施幼儿教育“基本学力要求”；2016年颁布小学教育阶段“基本学力要求”，自2016年9月起在小学一至三年级实施，2017/2018学年起在小学各年级实施；初中和高中的“基本学力要求”，也于2017年颁布并开始实施。

至2019/2020学年，澳门非高等教育本地学制正规教育十五个年级，全部实施“基本学力要求”。它以法令形式，分不同学习领域或科目制定，对学生在经历某个教育阶段学习之后所应该达到的目标，包括知识、能力和品格等，都加以具体描述或界定，反映了通过教学使学生具备最适切、最基本、最关键核心素养的要求。

“基本学力要求”使课程改革落到课堂教学实处。它具有较强的可操作性，容易被教师接受；有利于增强学生学习的目标意识，培养主动热情的态度；为课堂评价、教学分析、质量检测等提供可参照依据，使教与学有章可循、有据可依；解决了澳门长期以来存在的因为各学段、各科目教学目标不清、教学要求模糊而产生的教学无序、散乱问题，在一定程度上为提高教学信度与效度提供了可靠保障。

第四节　教育发展进入最好机遇期

一、与特区建设发展定位相适应

教育对社会经济有不可低估的促进作用。课程改革是教育高质量发展的必然路径。

澳门回归祖国二十多年来，国家对特区发展的定位越来越明确，把澳门建设成为“世界旅游休闲中心”“中国与葡语国家商贸合作服务平台”“以中华文化为主流、多元文化共存的交流合作基地”，即“一中心、一平台、一基地”的发展目标，有利于澳门进一步发挥自身历史条件所带来的独特优势，以国家所需，展澳门所长，自觉融入国家“一带一路”倡议和粤港澳大湾区建设，共同绘就中华民族伟大复兴的中国梦。

澳门非高等教育课程改革，就在一个崭新的时代、广阔的背景下，围绕教育培养什么人、怎样培养人的使命，不断探索、不断深入，为解决人才培育过程中出现的新问题，积累起重要经验，生动书写着一篇篇载入教育史册的澳门故事。诚如现任特首贺一诚所指出的，“一国两制”在澳门的成功实践，教育界功不可没。

二、教育投入持续增加

特区政府以“教育兴澳、人才建澳”为施政纲领，把教育放在优先发展地位，全力推动人才培育工作。政府对教育的投入持续增长。澳门率先实行幼稚园至高中十五年全免费教育。学校条件有较快改善，“蓝天工程”使一批原本难见蓝天的裙楼学校陆续迁往新址，现代化设施、设备得到广泛应用。

2016年，澳门特区政府推出《澳门特别行政区五年发展规划（2016—2020年）》，提出要“建立正规教育与持续教育相结合、教育素质和创新能力均得到明显提升的教育体系”，因此继续优先发展教育，将“教育职能占政府财政开支的比重到2020年有所提升”作为经济社会发展的“主要目标”之一。在此情况下，澳门教育经费快速增长，非高等教育的公共开支总数从2002年的10.07亿澳门元，增长至2017年的69.11亿澳门元，增长了约5.86倍；学生人均非高等教育公共开支从10 153澳门元增加至88 555澳门元，增长了约7.72倍。①

澳门私立学校在非高等教育阶段一直居主导地位，近年因公立学校缩减，私立学校扩大了占比数，达到学校总数90%以上，学生数接近95%。由于政府资助政策的促进，越来越多的私立学校加入免费教育学校系统，接受政府各种教育津贴。至2018年，加入政府免费教育学校系统的私立学校已超过90%，非免费教育学校系统的私立学校仅为9.5%，并呈进一步减少的趋势。②

分析以上数据可见，特区政府正是通过有效的教育资源分配政策，多方面为学校创造有利条件，这些政策红利直接转化成高品质的公共教育服务，使课程改革与发展具备良好的物质支撑。

三、学校经费运作机制趋向健全

学校财政较好地处理了优先发展和校本发展两者的关系，使课程改革与发展等重点工作在政府与学校之间得到新的平衡。得益于经济发展，特区政府对教育投入不断增加，学校经费运作机制也趋向健全，并受到政府财政、教育、审计等部门的严格审查。

学校经费来源主要有以下两种渠道。

一是基本型投入。

这主要指免费教育津贴。政府以各教育阶段的班级数为结算单位，每年向加入免费教育学校系统的私立学校发放免费教育津贴，且

① 郭晓明、王敏：《澳门回归以来教育发展与经验》，澳门启元出版社，2019，第22页。

② 澳门特区政府教育暨青年局：《非高等教育统计数据概览（2018）》，2019。

根据政府财政和通胀情况保持每年有所增长。

以2018/2019学年为例，幼儿、小学、初中以及高中各教育阶段的每班（班额须控制为25—35名学生）免费教育津贴金额，由2017/2018学年的918 200澳门元、1 012 900澳门元、1 234 600澳门元及1 404 400澳门元，增加至2018/2019学年的954 900澳门元、1 053 400澳门元、1 286 500澳门元及1 463 400澳门元。①

目前绝大多数私立学校已加入免费教育学校系统，凡享受政府免费教育津贴的学校，不再向学生收取学费及杂费。对未加入免费教育学校系统的学校，政府按在读学生数给予学费津贴，学校可适当向学生收取学杂费。另外，针对家庭生活困难的学生，政府还会发放书簿津贴、学习用品津贴和膳食津贴等。由此可见政府财政惠及非高等教育学生之程度。

二是发展性投入。

这是指特区政府财政在原有教育经费投入渠道之外，再设立“教育发展基金”。这一新的投入渠道，既尊重学校的办学自主，又引入竞争机制，更好地使学校与特区政府所推动的教育政策保持有效协同，促进教育向高质量发展。

“教育发展基金”于2007年成立，专用于支持和推动在非高等教育领域内开展各类发展性的教育活动。学校可以按照特区政府教育行政管理要求的方向，结合学校实际，提前一年编制发展计划，向学校发展基金委员会“学校发展计划”项目申请资助，并保证如实、有效地使用资助。这样，既发挥政府教育行政管理的导向与监督职能，又满足学校自主规划和实现发展的愿望。

① 澳门特区政府教育暨青年局：《2018教育暨青年局年刊》，2019。

如“传承中华文化”项目，特区政府鼓励学校开展弘扬国粹、推动中华传统文化课程建设和传承的活动，得到了学校的广泛响应。该项目共有62个校部提出申请，帮助学生学习了解具有深厚底蕴的中华传统文化，培养学生爱国情怀。

据澳门特区政府教育暨青年局提供的数据，2018年“教育发展基金”核准预算为8.75亿澳门元，实际支出约6亿澳门元，共支持1 500多个项目，包括学校教育计划、课程教学、教育和交流活动、图书购置、余暇活动、专职人员聘请和设备购置与维修等项目支出。①

由此可见，“教育发展基金”在协助学校优化教育活动和环境、改善办学条件、提升课程教学质量等方面发挥了重要作用。

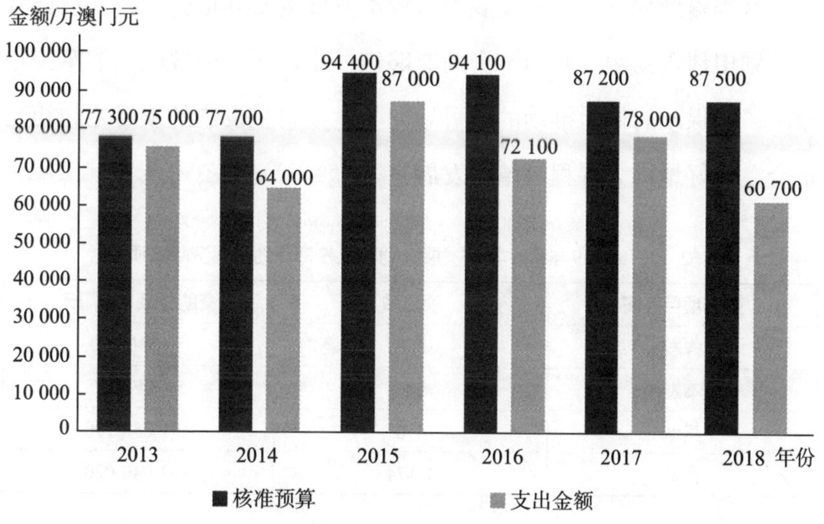

图3-1 “教育发展基金”年度预算及支出金额②

2017/2018学年开始，“教育发展基金”功能更加明晰，定位于“学校发展”，分设固定资助和非固定资助。这两组的具体数据如下。

① 澳门特区政府教育暨青年局：《2018教育暨青年局年刊》，2019。

② 同上。

一是固定资助。

固定资助包括校本培训、图书与报刊购置及专职人员聘请三项，以学校规模计算资助额。

表 3-1　2018/2019 学年“学校发展计划”以学校规模计算资助的项目①

资助项目范畴	项目数	资助金额 / 澳门元
校本培训	97	18 474 960
图书与报刊购置	99	10 614 320
专职人员聘请	92	141 178 500
合计	288	170 267 780

二是非固定资助。

这类资助划分为优先发展类、校本发展类及其他类三种，根据教育计划申请资助额。非固定资助能够进一步优化资助效能，缩窄校际差距，确保政府极力推动的项目导向与学校自主发展的项目之间相互融合，更好地助力课程改革与发展。

表 3-2　2018/2019 学年“学校发展计划”以教育计划申请资助的项目②

资助项目范畴	项目数	资助金额 / 澳门元
优先发展	258	50 536 580
校本发展	506	59 649 250
其他	410	191 854 190
合计	1 174	302 040 020

四、教育质量明显提高

澳门非高等教育质量日益提高，课程改革与发展成效显著。

① 澳门特区政府教育暨青年局:《2018 教育暨青年局年刊》，2019。

② 同上。

据澳门特区政府教育暨青年局提供的数据，澳门高中毛入学率已由1999/2000学年的54.4%，提升至2016/2017学年的93.7%；预计3—17岁学生受教育年数达到14.2年。① 至2017/2018学年，澳门本地应届高中毕业生升入大学的比例达到92.9%；很多品学兼优的学生纷纷被保送到内地著名高等院校或澳门本地大学，保送率一般在35%左右。②

澳门自2003年开始参加经济合作与发展组织的PISA测试，屡获佳绩。例如，PISA 2015中协作式问题解决能力平均得分为534分，远远高出经济合作与发展组织平均分（500分）。③

澳门PISA 2018的成绩更令人鼓舞。在参测的79个国家（地区）中，中国澳门学生的阅读、数学、科学三项素养均首次位居全球第三，得分仅次于中国内地（由北京、上海、江苏、浙江四省市代表测试）和新加坡。④

五、教育制度日臻完善

随着课程改革的实施，发挥引领发展和基础保障作用的教育制度、课程政策，其相应的配套建设越来越健全，也使澳门的非高等教育逐步走上依法治理的轨道。

特区政府在2002年度施政方针中特别提出要“评估澳门教育制度”，随后成立相关工作委员会，跟进检讨教育制度法律工作，明确

① 澳门特区政府教育暨青年局：《非高等教育统计数据概览（2018）》，2019。

② 澳门特区政府教育暨青年局：《非高等教育统计数据概览（2019）》，2020。

③ 澳门大学教育测验与评核研究中心：《澳门PISA2015研究计划报告：从国际比较教育的观点评核15岁学生的协作式问题解决表现》，2017。

④ 澳门大学教育测验与评核研究中心：《澳门PISA2018研究计划报告：从国际比较的观点评核15岁学生的阅读、数学和科学素养表现》，2019。

澳门非高等教育法变更的基本方向，是以促进优质教育为根本目标，强调教育平等，保护市民受教育权利，保障学校法律地位并继续维护其教育自主性，同时也为政府管理学校提供主体性保证。

为此，特区政府在颁布并实施的《非高等教育制度纲要法》中，调整了教育目标，改革并统一学制，突出课程与教学重要性，强化了特区政府对课程的领导权，完善教育经费投入机制，历史性地宣布实施十五年免费教育，加强对学生援助及教师专业地位保障，并强化学校管理的多元参与。

此后，以《非高等教育制度纲要法》为基础，特区政府陆续颁布与之相配套的一系列法规、法令，其中与课程改革发展密切相关的主要有：

《非高等教育私立学校教学人员制度框架》，从法律与制度层面提升私立学校教学人员专业素质要求和职业保障。

《课程框架》、“基本学力要求”，对课程教学作出规范，建立起本地课程教学基准。

《本地学制正规教育学生评核制度》（咨询意见稿），在 2019 年完成几轮公开咨询和修正之后，已递交立法会，开始进入立法程序。

这些教育制度与课程政策的建立，无疑是系统的、深刻的，并且日臻完善，得到各界的认同和拥护。

随着教师专业化发展要求的提出，教师社会经济地位也日益提高，逐渐成为令人羡慕的职业。2013/2014 学年推行的教学人员晋级制度和教学人员评核制度，在促进教师提高师德修养、专业水平和提高待遇、稳定队伍等方面，都起到积极作用，也为实施课程改革作了必要准备。

本章小结

综观澳门课程改革历程，其所面对的问题，有的可能具有普遍性，但更多的是澳门所特有的，较充分地反映出它不同于邻近地区的特点。事实上，任何改革路径都没有既定的标准，关键在于课程改革的设计者、组织者要充分考虑体现“一国两制”下澳门特区的教育意志和课程价值，反映地域性、文化性和历史性。

澳门非高等教育课程改革的前期准备工作十分充分，特别是对教育制度重构和对课程决策领导，可谓下足了功夫。这是课程改革走向成功的前提与基础。如果没有充分的制度性设计和决策性安排，课程改革将注定失败，优质教育也无从谈起。

澳葡当局在1991年推行的课程教育制度未能实施，其中最主要的原因在于政府、学校、教师之间缺乏共识。这可以从当时对葡萄牙语教学的制度设计以及强行推动的相关条文中找到答案，由于未能形成对语言教育的共识，所以在当时引发了很大争议，也影响到教育制度及课程政策的推行。

特区政府在建立政府、学校、教师共同参与的课程决策领导机制上，顺应时势，持比较开放的态度。无论是制度建立、目标界定，还是课程走向、结构体系，甚至工作方式、先导策略，都发生了很好转变。澳门非高等教育课程改革与发展，在合力作用下稳步推进，取得了令人瞩目的成就。

通过这一轮课程改革，我们欣喜地看到，当前澳门特区的非高等教育扭转了回归前“管理缺失、放任自流”的被动、杂乱甚至荒芜的局面，呈现出一派欣欣向荣的景象，正处于历史上最好、最快的发展时期。

第四章　确立层进的课程目标

课程目标，是教育价值的核心体现，是教育过程的终极追求。它反映了不同历史时期不同的教育要求，对课程改革与发展起着纲举目张的作用。

受到特殊时期的影响，回归前澳门非高等教育缺乏对学校教育管理的思路和课程教学的指引，导致学校教育教学存在较大随意性和一定片面性，也使课程教学陷入无序、杂乱的状态。

澳门回归后，特区政府正视教育现实和未来需要，高瞻远瞩地谋划教育适应社会经济发展新格局、新路径，逐步建立健全教育制度，调整教育政策，并多以法律、法规加以保障、落实，从而翻开了澳门非高等教育发展的新篇章。

澳门非高等教育课程目标，也在这样的时势下得以确立，对澳门教育“培养什么人、怎样培养人、为谁培养人”这一根本问题，作出了明确回答。

第一节　课程目标概述

课程目标作为课程论的一个概念，国内外对此有着越来越深入的研究与解释。

最早提出课程目标的是美国学者博比特，他指出儿童需要掌握和形成的能力、态度、习惯、鉴赏和知识的形式，就是课程目标（the objectives of the curriculum）。

经过漫长发展，直至 20 世纪 70 年代，蔡斯将课程目标区分为课程宗旨（curriculum aims）、课程目的（curriculum goals）、课程目标（curriculum objectives）。

到了 20 世纪 80 年代，随着课程研究深入，奥利瓦进一步将它划分为五个层次：教育宗旨（educational aims）、课程目的（curriculum goals）、课程目标（curriculum objectives）、教学目的（instructional goals）和教学目标（instructional objectives）。

中国教育历来比较重视教育目的，但一直以来均是在教育层面而非课程层面进行研究与解释。

直到 20 世纪 80 年代，随着中国新课程改革浪潮的到来，学者们才开始从课程层面研究、解决课程的目标问题，纷纷提出各自观点。

其中，廖哲勋借鉴国外发展趋势，结合国内课程改革实际情况，在其《课程学》中较早地提出课程目标，“课程目标是一定教育阶段的学校课程力图促进这一阶段学生的基本素质在其主动发展中最终可能达到国家所期望的水准”①。继而，廖哲勋、田慧生在其《课程新

① 廖哲勋：《课程学》，华中师范大学出版社，1991，第 84 页。

论》中进一步明确指出：课程可以说是一种具体化的、活动形态的教育进程。从这个意义上看来，课程目标是课程构成的首要成分。课程目标是教育目的的具体化，缺乏课程目标，教育目的就是空置着的，无法落实。课程目标又是课程内容的选择和确定依据，缺乏课程目标，课程内容的选择就会流于盲目，陷于混乱。课程目标还是课程实施的标准，会对课程规划、课程过程、课程评估等产生直接作用。①

这里至少包含了课程目标的三重含义，也包含了课程目标的三个层次：课程设计的总体方向、课程结果应达到的教育要求、每一教育阶段的课程所具有的影响。

与之对应，澳门非高等教育课程目标包括了教育总目标、各教育阶段目标和学科教学目标，具备三个内在的层次划分。

一、澳门教育总目标

课程作为教育范畴的重要组成部分，就要依据教育目标。

教育目标，既规范着课程的教育方向，也是课程目标的本质所在。

“一国两制”下澳门非高等教育的教育目标，必须体现国家教育宗旨，且要针对澳门现状和需求，代表特区政府对教育发展和人才培养的方向性要求。

《非高等教育制度纲要法》明确规定澳门非高等教育的总目标为：“致力培养及促进受教育者爱国爱澳、厚德尽善、遵纪守法的品格，使其有理想、有文化及具备适应时代需求的知识和技能，并养成其健康的生活方式和强健体魄。”

上述教育总目标，从根本上确立了澳门非高等教育必须培养什么

① 廖哲勋、田慧生主编《课程新论》，教育科学出版社，2003，第141—142页。

人的方针，也反映出教育在培养祖国未来所需要的人才方面所作出的贡献。

这是课程目标的依归，也是设计各教育阶段目标以及各学科目标的前提。

二、各教育阶段目标

各教育阶段目标，是澳门非高等教育课程改革在课程设计中的重点。因为澳门学校较多采用“一条龙”办学模式，学生一般都从幼稚园入学，直至高中毕业，在校时间长达十五年之久。而澳门教育长期以来的“课程自由”，导致学校自行制定各自的教育阶段目标，这些目标大多缺少明确的区分度。所以，如何细化、落实教育总目标，根据不同教育阶段，提出不同阶段的教育目标，显得尤为必要。

分析各教育阶段目标，应从纵向贯通、横向联结两个方面入手。

其一，纵向贯通。这是针对幼儿教育、小学教育、初中教育和高中教育阶段的阶段性教育目标而言的。阶段性教育目标是相应教育阶段所要达到的课程教育的整体要求，并随着教育阶段提升而逐步提高。

其二，横向联结。这是针对各教育阶段课程的学科目标而言的，即通过教与学应该达到课程领域的学科要求。它联结了各个教育阶段的共同关系，主要考虑安排课程内容教学的相互联系，促进学生发展，实现阶段教育目标。

对各教育阶段的具体目标要求，将在下面“课程目标本质意义”一节展开论述。

三、学科教学目标

教学目标是课程目标的具体化表述。课程实施中学科教学目标的设定，是把学科目标按单元或章节内容，分成若干项目，明确教学须达成的要求。

基于澳门非高等教育课程改革现状，先确立教育总目标，对学生较完整地经历教育计划及课程活动，作出明确而具体的规定。接着，以此为统领，制定各教育阶段目标。然后，在教育总目标、各教育阶段目标的引领下，由学校组织各学科教师及其团队，制定具体教学目标，并在课堂教学中予以落实。

总而言之，课程目标的明确细化、逐层分解、环环相扣，从宏观到中观到微观，科学地构成了澳门非高等教育正规学制课程系统的目标链。

第二节　课程目标本质意义

一、教育目标的内涵

教育目标是教育实践活动的出发点，是培养人的大方向与总目标。它关系到通过教育学生能够成为什么样的社会角色、能够具有什么样的核心素养这一根本问题。

可见，教育目标的核心，是决定培养什么人，即把学生培养成什么样的社会角色。但常常因为历史背景不同、社会时期不同，导致社会角色也不尽相同，这就决定了教育目标并不是固定不变的，它会随着时代的发展而发生变化。因此，确定教育目标必须结合一定社会生产力、生产关系的需要和人自身发展的需要。

澳门回归祖国之后，社会经济发生了深刻变化。那么，需要什么样的教育，是摆在澳门特区政府面前的重要课题。《非高等教育制度纲要法》明确规定了澳门非高等教育总目标，对于引导和规范非高等教育的学校课程教学，起到极其重要的作用，有着划时代意义。

这个纲领性的法律文本中虽沿用“教育目标”这个术语，但它在实质与内涵上，统领了中学、小学、幼儿各个教育阶段课程指向，与“课程目标”有着明确而强烈的一致性，都明确规定通过教育及课程教学应该把学生培养成什么样的人。

对比 1991 年澳葡当局推出《澳门教育制度》中的课程目标，可以清楚地看到其课程政策与精神的指向与《非高等教育制度纲要法》不同。澳葡当局为适应变迁，发挥教育制度在过渡期的社会功能，强调课程应培养学生“完整人格”，并从两个方面着手，即人格的社会化与个性化，同时推出“有才干公民”的课程目标，借以成为指导澳门课程发展的理论基础，自然不可避免地留有了葡萄牙法规痕迹与教育精神。这样的课程目标，在回归后显然需要重新调整。

解读 2006 年特区政府《非高等教育制度纲要法》所确立的教育目标，有以下两个层面的明确表述。

第一层面上，《非高等教育制度纲要法》所确立的教育总目标，有三个要义：

一是“爱国爱澳、厚德尽善、遵纪守法的品格”。开宗明义，把立德树人放在教育的首要位置，教育要重点加强爱国主义教育，培养学生对国家、对澳门的责任感，突出塑造人的健全品格。

二是“有理想、有文化及具备适应时代需求的知识和技能”。重视全人发展和终身学习能力，全面提升学生的科学与人文素养，强调教给学生的知识和技能要适应时代发展需要。

三是“养成其健康的生活方式和强健体魄”。这在当前澳门较为特殊的社会经济环境下，显得尤为重要，要特别注重对青少年进行身心健康教育，使之具有良好的身体和心理。

第二层面上，是在各个教育阶段，要根据学生年龄特点和学科教学要求，厘定阶段性课程目标；而且还明确规定，学校按适用法例制定相应的标准，完成相应标准的教育者，才有权获得相应的学历证书。

成才先成人，育才先育德。教育总目标概要地揭示了“成人成才”的核心思想。

澳门《非高等教育制度纲要法》所规定的非高等教育的总目标，不仅仅是对澳门教育的顶层设计与总体规定，还在课程层面作出清晰指示，回答了“教育培养什么人”的根本问题，而且上升到法律层面予以保障和落实。

在教育总目标下，《非高等教育制度纲要法》进一步阐明课程目标的内涵：

培养其对国家和澳门的责任感，使其能恰当地行使公民权利，积极履行公民义务；培养其良好的品德和民主素养，使其能尊重他人，坦诚沟通，与他人和谐相处，积极关心社会事务；使其能以中华文化为主流，认识、尊重澳门文化的特色，包括历史、地理、经济等多元文化的共存，并培养其世界观；全面提升其科学与人文素养，使其具有创新精神、批判意识、可持续发展观念及实践能力；培养其终身学习的态度和能力；培养其良好的生理和心理素质，促进其个性的发展，建立正确的价值观；培养其良好的审美品味和审美能力，以及与大自然和谐相处的素养。

上述具体表述集中表现了澳门非高等教育应遵循的法例要求和社会担当，也深刻反映出澳门非高等教育课程教学所要达成的学生培养目标，即学生在完成一定教育计划后，身心发展各方面应该达到的具体要求。

一直以来，国家坚持“教育必须为社会主义现代化建设服务、为人民服务，必须与生产劳动和社会实践相结合，培养德智体美劳全面发展的社会主义建设者和接班人”的教育方针。

对照分析，可见澳门非高等教育课程改革与发展所遵循的教育总目标，既充分体现国家教育方针，与国家教育使命高度契合，也反映“一国两制”下澳门教育的鲜明特点。

二、各教育阶段目标厘定

承前所述，澳门的课程目标中各教育阶段目标，体现在整体教育教学计划与过程之中，由纵向和横向构成。

1. 纵向考察

《非高等教育制度纲要法》就各个教育阶段，包括幼儿教育、小学教育、初中教育、高中教育等各个阶段，概要地提出不同阶段的目标要求，在不妨碍总目标规定的前提下，清晰界定每一个学段教育尤其要达成的目标。

幼儿教育的目标是培养学生基本的伦理观念和道德行为；养成学生的合群习性；培养学生的卫生习惯，促进其身心健康；培养学生的学习兴趣和创造力，发展其多方面的潜能；增进学生日常生活经验；增进学生的语言能力和其他沟通能力；培养学生的艺术兴趣；养成学生基本的环保观念。

小学教育的目标是培养学生基本的公民意识，养成其爱自己、爱他人、爱澳门、爱国家及爱大自然的情怀；陶冶学生的品德，培养其与他人和环境和谐共处的态度及服务社会的精神；培养学生提问和思考的兴趣和习惯，增进其创造力；使学生掌握自然科学、人文及社会的初步知识和多样的学习技巧；给学生提供多元的学习机会，促进其个性和潜能的发展；促进学生身体和心理的健康发展；培养学生适应不同环境的能力；使学生能善用时间，养成良好的生活和学习习惯；丰富学生的审美经验，陶冶其艺术情趣。

初中教育的目标是培养学生良好的品德和自尊感，使其乐观进取，关心他人及澳门和国家的发展，热心参与社会，关注生态环境；培养学生勤于思考、主动学习、敢于创新的精神以及终身学习的态度和能力；使学生掌握与生活各领域相关的知识，提高其运用语文、资讯科技及其他范畴知识于日常生活的能力；协助学生适应身心的发展，提升其身心素质和解决问题的能力；提供多元教育模式，促进学生的个性和自主选择能力的发展；促进学生对多元文化的理解，提高其人文和艺术素养。

高中教育的目标是增进学生的国家观念、全球视野及环境保护意识，加强其对澳门的了解和归属感，使其成为有责任感的公民；提高学生的品德修养，使其确立生涯发展观念；促进学生的心理健康和个性的持续发展，养成其勇敢果断、热爱生命及富有创意的特质；增进学生对数学、自然科学、社会科学以及技术和人文等领域的理解，培养其继续升学或就业的能力；培养学生搜集、整理及分析资料的能力，并进一步提升其运用资讯科技的能力，养成其自我学习和合作学习的习惯，促进其终身发展；使学生养成健康的生活习惯，具备强健的体魄；提升学生的人文素养，尤其是艺术素养，强化其对多元文化的理解和对文化创新的追求。

剖析以上表述，可以清楚地看到：澳门非高等教育各教育阶段目标十分具体，且是连贯的、发展的，规定了受教育者在沿着既定方向发展的过程中，按身心发展的规律，所应该达到的全面水平与基本要求。

2. 横向分析

根据学生年龄特点、认知心理和学习要素，所建立的不同教育阶段教育目标，概括同一教育阶段下课程发展的共性，揭示了课程及其学科教学的基本规律与整体要求。

课程发展必须契合学生的年龄特点及身心发展规律，关注学生的个别差异及教育需求，让学生的潜能及个性得到充分发展；还要善用各种学习环境，组织多元化活动，让学生获得全面、均衡及多元化的学习经验，促进全人发展，培养终身学习能力。

这里需要注意的是，各教育阶段的课程教学，都有着符合各自特点的目标要求。

幼儿教育课程强调教育启蒙性，坚持保教结合，突出游戏教育；重视学习的综合性，避免科目过多、过难；明确幼儿教育阶段一年级不学习写字，防止幼儿教育小学化。

小学课程要重视课程内容的整合，各科目之间相互联系渗透；重视学生潜能和个性的充分发展；要善用学生的生活经验，促进其主动学习，养成做人、学习、生活的正确态度和良好习惯。

初中课程要提升学生身心素质，尤其是心理素质，增强其抵御不良影响及承受挫折的能力；重视培养学生自主学习能力、沟通协作能力和独立思考、批判思维能力；为学生提供参与社会实践的机会，增强其社会实践的能力及兴趣。

高中课程要兼顾人文课程和科学课程，扩阔学生的知识基础；根据学生的升学和生涯发展，提供多元化、可选择的课程，开发其潜能及兴趣；培养学生正面的价值观及态度，鼓励其积极参与社会实践，特别要提升其公民意识及社会生存能力。

课程发展准则为各学科教学目标的制定确立了共同方向与基本原

则，进一步把各阶段教育目标与课程学科教学紧密地联结起来，建立起学科与学科之间的必然联系。

《非高等教育制度纲要法》规定了教育总目标与各教育阶段目标，这些目标要想进一步落实到具体的课程教学中，就需要更具体的指导。于是，就有了《课程框架》。它具体阐明了各教育阶段课程发展的方向，以及课程实施需要注意的事项，指出课程旨在促使学生达到《非高等教育制度纲要法》所规定的教育目标，并强调为了达到这一目标，政府、学校及教师在实施课程时，必须遵循的课程立场与教学准则。

这样做有利于进一步构建具体学科教学的共性原则。

第三节　学科教学目标：基本学力要求

一、课程学科教学目标

各阶段教育目标和课程发展目标，可以视为课程教学中各学科应该共同遵循的基本准则，反映课程教学的一般规律。这为设立各学科教学目标作出了基本规范与明确指引。

教师根据课程内容与要求、学生认知及身心成长规律、国家社会和未来赋予的育人使命，需要设计、明确各门学科及其每阶段、每课时的教与学的任务。这是整个教学计划和教学设计的起点。教学过程与课堂组织，都应该围绕这一教学目标而展开。它直接影响也决定着课程教与学的内容、策略与成效，对教师的教、学生的学，提出了必须遵循的目标与要求。

学科教学目标，既是达到课程目标的载体，也是实现教育目标的基础。

经行政长官批示，制定“基本学力要求”，先后于2015/2016学年、2016/2017学年、2017/2018学年，在幼儿教育阶段、小学教育阶段、初中和高中教育阶段分别开始实施。

“基本学力要求”是澳门非高等教育本地学制正规课程教学目标的表述，是教与学的过程中，师生预期能够达到的学习目标。它既是教师教授的目标，也是学生学习的目标，实质上反映在教师引导下学生学习所呈现的结果。

把握“基本学力要求”，至少有三层意思：“基本”，说明是最基础的、必需的；“学力”，指向的不是知识，而是学习力，包括学习态度、习惯等情感因素和对正确的学习方法的掌握与运用；“要求”，就是规定要完成的任务。

只有每一门学科都建立了“基本学力要求”，使每个年段、每个单元或章节、每个课时，都清晰地指向课程的教学目标，学校的教育目标才有可能真正得以落实。

建立完整的“基本学力要求”体系，改变了澳门一直以来缺少统一的教学目标和评价标准的现象，使教学有据可依、有的放矢，有利于改正教学随意性、无序性问题，建立起比较明确的规范要求，为提高教育、教学质量提供了可靠保障。

二、“基本学力要求”解读

“基本学力要求”一般从三个方面进行表述：基本理念、课程目标、各学习范畴基本学力要求的具体内容。这三个方面究竟对日常教学有哪些影响？下面试以高中教育阶段“中国语文”学科为例，进行解读。

1. “基本理念”规定了学科教学的基本性质、主要任务及一般原则

首先阐明以中文为第一语言的“中国语文”学科性质。“语言文字是人类最重要的交际工具和资讯载体，是人类文化的重要组成部分。语言文字的学习与运用，存在于社会的各个领域。时代的发展对人们的语言运用能力和文化选择能力提出了更高要求。”①

它从中文作为语言文字所存在的交际、资讯、文化三大功能，定义了“中国语文”学科所承载的使命，指出本学科要重点完成三项任务：促使学生提升中文学习兴趣和听说读写能力；拓宽文化视野，增强热爱中国文化的感情，发展独立思考与批判创造能力；奠定学生终身学习和全人发展基础，为提高澳门公民基本素养和澳门整体竞争力服务。

然后要求基于这样的任务，教学要坚持：以全面提升学生中国语文素养为核心；重点拓宽学生文化视野；倡导积极主动学习方式；关注学生个性特征和生涯规划。这四项是“中国语文”学科教学的基本原则，尤其是“中国语文核心素养”的指向，包括语言文字运用能力要求、学识修养要求和人格思想修养要求，都体现在本学科教学的整体目标和各学习范畴基本学力要求中，揭示了学科本质，具有很强的指导意义。

与内地实施的高中语文课程标准相比较，二者虽然共同指向学科核心素养，但内地高中语文的课程目标相关表述，突出了“学生通过阅读与鉴赏、表达与交流、梳理与探究等语文学习活动，在语言建构

① 澳门特区政府教育暨青年局：《澳门特别行政区第55/2017号社会文化司司长批示订定高中教育阶段的基本学力要求的具体内容》，澳门特别行政区印务局，2017，第2页。

与运用、思维发展与提升、审美鉴赏与创造、文化传承与理解几个方面都获得进一步发展”。这里围绕“阅读与鉴赏、表达与交流、梳理与探究”展开语文学习，让学生在积极的语言实践活动中积累与构建起语文学科核心素养，可见内地高中语文与澳门高中语文的学科教学侧重点，确实有明显区别。

澳门从区情出发，重基本、重应用、重文化理解和情感归属，而内地更多地重运用、重鉴赏、重语言淬炼与内涵品质。

由此比较，不难理解澳门在“中国语文”教学中，要正确处理好粤语和普通话的关系。粤语是粤港澳一带的生活语言，也是澳门基本法规定使用的语言；普通话是我们国家的通用语言，也是联合国法定工作语言之一。所以，“中国语文”学科要“促进学生流利、得体地使用粤语，运用普通话进行基本交流，认识中华人民共和国法定的规范汉字，正确使用繁体字，掌握规范的书面语，全面提高运用中国语言文字能力”[①]，为澳门学校广泛使用普通话教学，至少在中文教学中使用普通话，指明了方向。当前，使用普通话进行中文教学在各学校已蔚然成风。

2.“学科目标”以能力导向，着眼基础，着力基本，着重发展

梳理澳门关于“中国语文”学科“基本学力要求”文本中所列九条具体目标，可以将其归纳为以下三条。

（1）从基础角度看

培养学生熟练使用字典、辞典，具有独立识字能力，了解汉字基本知识，正确使用繁体字，认识国家法定的规范汉字，提高汉字书写能力，了解中国书法文化，提高书法审美能力。

---

① 澳门特区政府教育暨青年局:《澳门特别行政区第55/2017号社会文化司司长批示订定高中教育阶段的基本学力要求的具体内容》，澳门特别行政区印务局，2017，第2页。

培养认真聆听、恰当表达的言语交际能力，掌握听、说策略及讨论、报告、演讲、采访等基本交流方式，提高人际沟通和社会交往能力。

培养独立阅读能力，运用多种阅读方法，通过阅读文学类、论说类、实用类等文本，发展感受力、理解力、想象力、思辨力，鼓励个性化阅读，获得独特认知与体验。

培养写作能力和态度，掌握记叙、说明、议论、应用等文体写作规范，进一步提高说明、记叙、描写、抒情等基本表达能力。

写作做到中心明确、内容充实、思路连贯、安排合理、文从字顺，鼓励有个性、有创意的写作，对自己写作负责。

（2）从基本角度看

培养学生热爱中国语文、热爱中华文化、热爱国家、热爱澳门的情感，拓宽文化视野，尊重并理解多元文化，提高文化品位。

养成良好学习态度习惯，运用基本的中文学习方法，提高思维、想象、沟通协作、解决问题和批判创新能力。

培养审美能力和健康的审美情趣，通过阅读鉴赏、表达交流和研习探究，丰富中文学习的审美体验。

（3）从发展角度看

培养学生自主组织中文学习活动和开展综合性学习的能力，学会确立研究主题、收集资料、调查访问、讨论分析、展示成果，做到自主学习与合作学习相结合，能独立完成简单的研究报告。

培养有选择地学习中文的能力，使之能根据已有基础和自我发展需求，自主选择学习内容，激发学习兴趣和潜能，发展特长和个性，具有初步的生涯规划能力。

3. “具体内容”分类列项，细化到格

首先规定“中国语文”各学习范畴基本学力要求的具体内容，

共分为六类：A. 听；B. 说；C. 识字与写字；D. 阅读；E. 写作；F. 综合运用。每一类都制定了十分细致的标准，并细化为分格要求，明确经过教师的教与学生的学，最后必须达到的目标。

其次对每个范畴分别列出若干项目，这里以“D. 阅读”为例。

“D. 阅读”分项为：D–1. 能独立阅读中文读物；D–2. 提高朗读能力；D–3. 学会运用多种阅读方法；D–4. 阅读文学类文本，提高审美鉴赏能力和语言的表达力；D–5. 阅读论说类文本，提高抽象思维能力；D–6. 阅读说明类文本，提高理解力、思辨力和想象力；D–7. 阅读实用文本，提高信息处理能力；D–8. 阅读非连续性文本和电子文本，提高信息处理能力；D–9. 阅读中国古代优秀作品，奠定传统文化基础。这九项内容，基本上覆盖了中文阅读的主要范围，对学生形成良好的中文素养，有着明确指向。

最后又将九个项目分别细化为若干个格，这里以“D–8. 阅读非连续性文本和电子文本，提高信息处理能力”为例。

“D–8. 阅读非连续性文本和电子文本，提高信息处理能力”分格为：D–8–1. 阅读由文字、图表、图示、影像、公告、广告、说明书等多种材料组成的较复杂的非连续性文本，能领会文本意思，寻求需要的信息，得出有意义结论；D–8–2. 阅读各类网络平台上的电子文本，能辨别资讯来源和可靠性，获取有用信息；D–8–3. 能利用非连续性文本或信息文本，寻找问题答案或解决实用性问题。这里所列的三个要求，贴近生活实际，符合阅读能力新要求，有较强的应用性。

分析“基本学力要求”，我们可以看到，它全面而清晰地勾勒出澳门非高等教育课程学科目标。这对于更好地实现课程阶段目标、教育目标，起到了很好的帮助、指导、促进作用，并且有较强的可操作性、可检测性，也普遍得到澳门学校和教师的认同和接受。

第四节　课程框架新搭建

根据《非高等教育制度纲要法》，澳门特区政府制定的补充性行政法规《课程框架》，是政府制定的幼儿教育、小学教育、初中教育及高中教育课程的基本框架，其内容主要包括课程发展准则、学习领域划分、教育活动时间安排以及各学段主要科目设置等。

它是澳门本地学制正规教育课程发展的整体规划，重点确立了课程学科目标的基本准则，提出了更为具体的课程教学要求。除此之外，较现行法规，它还作了其他调整。这些调整有什么背景？怎 样调整的？有什么作用？这些都是研究课程改革与发展需要考察和分析的。

一、科学规划教育活动时间

适当延长学校年度的学日数。原法令规定学校每年度教育活动日的下限只有 180 学日，明显偏低，致使部分学校每天和每周上课节数安排过多、过满，师生负担过重。现在规定，学校每年度实际进行教育活动的总时间不得少于 195 学日，并清晰界定“教育活动”的概念，是指教学活动、余暇活动以及其他教育活动。

为了保证学生能够有更多时间参加余暇活动，拓展学习经验，发展潜能、兴趣和专长，各教育阶段学生每周上课时数较原来有所减少。一般来说，中学、小学每周上课时数分别为 38 节和 32 节，学生在校时间与学习时间得到了更合理的分配。

二、设立学习领域，重视分科教学与学科统整的联系

当前世界各国普遍通过设立学习领域来规划课程，重视各教育阶段课程的统一规划，解决因课程分科多而细而妨碍学生综合能力发展的问题。

澳门非高等教育体系中，幼儿教育阶段课程学习领域划分为：健康与体育，语言，个人、社会与人文，数学与科学，艺术。小学至高中教育阶段课程学习领域划分为：语言与文学，数学，个人、社会与人文，科学与科技，体育与健康，艺术。

其中，幼儿教育阶段要求推行跨学科领域的综合主题教学；小学教育阶段设置跨学习领域的“常识”科目；初中至高中设置“自然科学”科目，也允许根据校情开设“物理”“化学”“生物”分科科目。

2019 年 11 月，通过对《课程框架》制度修订，中学教育阶段的“个人、社会与人文”领域和中小学教育阶段的“艺术”领域，分别明确设置“历史”“地理”“品德与公民”和“音乐”“视觉艺术”科目。这是从实际出发，进一步提升历史、地理等教育的系统性，丰富艺术教育。此举有利于提升澳门中小学生的全面素养。

三、加强品德与公民、体育和艺术教育

为加强全人教育，将“品德与公民”“体育与健康”“艺术”这三门学科列为中小学必修课程，并严格规定在各教育阶段须达到的总课时数，强调学生每周参加体育运动时间不得少于 150 分钟，以纠正以往有一些学校“品德与公民”未独立设科和体育、艺术教育可有可无的怪现象。

四、避免高中过早进行文理分科

由于历史原因，澳门大多数学校自高一年级开始文理分科，导致学生人文素养或科学素养缺失，不利于全人发展。为此,《课程框架》规定高中教育阶段必须文理兼修，所有学生必修“个人、社会与人文”和“科学与科技”领域课程，并规定了高中三年总课时数的下限。

五、将活动课程正式纳入小学至高中的课程计划

《课程框架》顺应世界课程改革发展趋势，在课程结构中充分体现学科课程与活动课程的有机结合。通过丰富多彩的活动课程，培养学生综合运用知识能力，学会解决实践中各种具体问题。特别规定各教育阶段余暇活动课程须达到的总课时数，小学不少于 14 240 分钟，初中不少于 7 040 分钟，高中不少于 6 240 分钟。如果以周计算，每周应开设活动课程 2—3 节。

这些调整，为确保课程实施作了积极的、充分的准备，使需要达到的课程目标更加准确、清晰，课程结构更趋科学、合理。

《课程框架》的制定，进一步规范了澳门本地学制正规教育课程的发展，对健全课程管理、推进课程建设，起到了很好作用。

第五节　学校办学目标关联度

教育目标是建立课程目标的基础与前提，课程目标是教育目标的

核心。落实在学校的教育实践中，就是学校应具有与课程目标一致的办学目标。

澳门回归前，由于澳葡当局对教育采用的是放任政策，必然无意也无法制定整体的教育目标，更何谈建立课程目标及其相应的课程体系。所以，不同办学实体举办的各类学校，因教育目标迥异，课程目标也不尽相同，往往根据各自学校背景、教育理念，提出相应的课程目标。

随着澳门回归，特别是《非高等教育制度纲要法》颁布实施，越来越多的学校，遵循教育总目标，逐步作出调整、改进，不断明晰学校办学目标和教育理念，自觉地将教育目标与课程目标联系在一起，结合各校实际，有思想、有重点、有个性、有特色地描述了学校办学目标。

先看四所社团办的学校。

镜平学校的办学宗旨是“坚持教育为澳门社会发展服务的方向，使受教育者能热爱祖国，热爱澳门，在德智体群美诸方面得到全面、协调、和谐的发展，为培养有理想、有道德、有知识、有能力、有健全体魄的人才奠定基础”。

濠江中学附属英才学校提出“德育为先，培养和谐发展、具有国际视野的精英人才”的办学宗旨。建设师资力量、管理水平、教学设备、教学质量“四个一流”，以学生发展为本设置学校课程，以“双语教学、艺术教育、奥林匹克意识”为特色，促进学生全面发展，让每一个学生都能实现自己的梦想。

劳工子弟学校的办学宗旨是“通过渐进的学习，促进学生在德、智、体、美、群得以全面发展，培养学生成为热爱祖国、热爱澳门、有科学文化知识和技能的社会接班人”。

教业中学坚守“教重在德，业精于勤”，秉承爱国爱澳传统，适应澳门社会对优质教育需求，基于《课程框架》与“基本学力要求”，既传承中国优秀文化，又体现现代课程理念，以“中西文化融汇、中英双语并重”为教学特色，“致力培养具有‘家国情怀、传统根基、世界眼光’，适应澳门未来发展需要的优秀人才”。

再看三所教会背景的学校。

天主教圣罗撒女子中学的办学宗旨是“承传我国固有之优良道德文化，融合多元文化。以灵、德、智、体、群、美六育施教，培养学生灵性与身心全面完善发展，成为具有高尚品德、健全身心、正确人生观与价值观，具有科学与文化素养、认识真理而实践仁爱，能立足澳门又能面向世界之现代中国澳门特区人”。

基督教背景的培正中学“以‘至善至正’为校训，以‘提高教学质量，改善学习环境，保持严谨校风’为办学方针，重视落实学生以德为先的教育理念，着重学生在德、智、体、群、美、灵六育之均衡发展，通过各项活动的开展，保障学生在各教育阶段获得多元、均衡且完整的学习经验。期望透过优秀的基督教教育，培养有爱心、有责任感、有国际视野、有批判性思维、有竞争力、综合素质良好的爱国爱澳青少年”。

由基督教转天主教接办的粤华中学“提供灵、德、智、体、群、美六育并重的全人教育；引导学生认识宗教，并以福音的价值观作为生活准则，以理智、宗教、仁爱为本塑造一个和谐共荣喜乐的大家庭；培养学生爱护、关心及尊重他人、社会、国家及世界；教导学生、主动自律、择善而固；提供适切的课程和活动，使学生能体现自己的潜能和适应日新月异的社会；培育学生具备终身学习的精神”。

综观以上学校所提出的办学目标，具有一定的代表性，反映出澳门学校认识、关注课程目标的现状。

上述学校的办学目标，是从学校实际出发制定的，坚持大方向，遵循大原则，满足相应条件，突出相关因素，虽然明显蕴含着各学校自己所追求的教育理想，但与澳门《非高等教育制度纲要法》提出的教育总目标以及《课程框架》的各教育阶段目标和“基本学力要求”的学科教学目标，保持着很高的关联度，表现出对澳门非高等教育目标的理解力与执行力。学校持续改进课程教育教学，与政府政策的方向一致，自觉成为推动课程发展的代表。与之相对应的，课程也成为促进学校发展、进一步实现办学目标的重大力量。

从一定意义上说，观察学校办学目标与课程目标的关联度，可以看到学校发展的方向与态势。学校办学目标与课程目标关联度越密切，课程对学校所产生的影响力越大。两者的关联程度，往往决定了一所学校发展的高度。

本章小结

本章依据《非高等教育制度纲要法》《课程框架》“基本学力要求”三个重要的法律法规文本，围绕课程目标展开论述，从“教育目标—阶段目标—学科目标”层面，重点剖析了澳门课程目标构成的内在机理，环环紧扣，层层推进，有利于围绕课程目标建立课程结构，通过课程结构实施课程教学，从而达成教育总目标。

以教育宗旨整体统领课程目标，以具体课程目标落实教育目标。教育目标与课程目标，既有联系，又有区别。如果说，教育目标主要是从整体上回答培养什么样人的根本问题，那么课程目标是把教育目标进一步具体化，并落实于课程教学上，回答以怎样的要求去实现教育目标。

结合国家教育大计进行分析，同时对比澳葡当局制定的教育目标，我们可以得出结论，澳门非高等教育课程改革与发展所遵循的教育总目标及其所组成的层进式的目标链，既充分体现了国家教育方针，与国家教育使命高度契合，也反映了“一国两制”下澳门教育的鲜明特质。

澳门非高等教育课程体系中教育目标、各教育阶段目标、各学科教学目标普遍具有课程的共同指向。它主要表现为：一是人的思想道德，以爱国爱澳为核心的价值取向，成为澳门教育的主旋律；二是公民教育中社会责任感得到普遍关注，各阶段有着适合学生年龄特点的教育重点；三是基本学力要求，随着教育阶段延伸，由低向高递进发展，有利于形成进阶目标，具有较强的预期性与操作性。

教育是培养人、造就人的事业。人是教育的出发点，也是教育的归宿。从解读澳门非高等教育课程教育目标中，我们可以清楚地看到：教育的全面性，在于促进每一个学生的全面成长，涵盖了认知、情感、价值观以及技能等各个方面；教育的基础性，在于着力为学生的人生发展打好扎实的基础；教育的发展性，在于学习是一个过程，只有让学生逐步具备学习力，才能使之成为终身学习者。

因此，澳门非高等教育的课程目标，首先是以人的发展作为其逻辑起点，揭示的最终依归也是人的发展所需具备的核心素养。

第五章　课程结构的调整与优化

确立课程目标后，从课程结构着手，通过合理、适切、科学的建构，以实现课程目标。

课程结构是课程发展的重要命题，也是衡量当代教育先进性的一个重要标准。

课程结构是一个统一的整体，内部存在着诸多关系。通过组合、调整等方式，理顺各种关系，对进一步建立课程结构、形成课程机制、发挥课程功能尤为重要。

优化课程结构，是课程改革与发展的关键所在。

澳门非高等教育本地学制正规教育，正视当前世界教育发展及课程研究的趋势，吸收20世纪90年代以来国内外课程专家研究的最新成果，建构起一个比较合理、严密、先进、科学的课程结构体系。澳门课程结构体系既具有代表国家教育意志的课程刚性原则，又充分考虑澳门本地多元文化特质的弹性诉求，较好地体现和反映现代课程的结构特点与规律。

第一节　课程结构析义

在课程发展史上，虽然前人对课程结构有所论述，但人们真正开始对课程结构进行研究，大约始于 20 世纪 60 年代。比较有影响的研究如下。

美国学者布鲁纳的学科结构课程学说，重在关注学科内部基本结构。他基于对知识结构和学生认知方式的理解，认为知识体系的组织意味着经验的简约与联系，从而主张学科结构就是支撑学科学习的基本概念、基本原理和规则，以及由它们所体现的学科内部的逻辑关系，提出“螺旋式”课程编制与“发现学习”方式。

施瓦布以“科学的结构”和“科学的结构是不断变化的”观点，强调学科结构的重要，进一步丰富了布鲁纳课程理论，研究了学科结构的本质以及学科结构的内在层次性，他已经意识到学科之间的关系在课程结构上的意义。

哥伦比亚大学的福谢依主张人本主义课程，从促进人的能力发展角度，指出学校要培养自我实现的人，其课程就应由知识课程、情意课程、体验课程组成。他提出的课程结构，已不是某一具体学科的内部结构，而主要是学校课程的类别结构。

20 世纪 80 年代，苏联的课程理论研究十分活跃。莱纳认为，学校课程来源于社会经验，必须体现社会经验特点、课程形式结构及课程内部“活动的种类”。列德涅夫指出，各门学科和它们之间的相互关系，是课程最基本、最主要的结构，其中学科内容的本身结构，学生个体的个性差异等多个因素，也会制约学校课程。

日本学者井上弘认为，课程结构应该由三个层次组成：一是教材单元范围内的结构化，如戚勒的“方法单元”、杜威的“问题单元”；二是“一门学科或一个生活领域”的结构，如布鲁纳的“学科结构”、瓦根舍因“范例教学”；三是广义的课程结构，如塞茨的“合科教学”，就是将所有课程作为一个整体而具有的结构。所以，他指出应研究、关注广义的宏观的结构层次，要善于将一门学科的结构化尝试，置于整体结构的位置中，进行整体考虑安排，要善于追求能够贯通所有学科及一切教育活动的结构化。①

世纪之交，伴随着中小学新一轮课程改革的展开，中国课程结构研究走向深入。比较有代表性的观点如下。

钟启泉认为可以从宏观、中观、微观三个层次，去研究认识课程结构。②

吕达将课程结构划分为整体结构、具体结构。③

廖哲勋、田慧生提出完整的“两层说”，即课程整体结构由表层结构和深层结构两部分构成，表层结构是“一定学段课程的总体规则的结构”，深层结构是“教材内部各要素、各成分的组合以及各类教材之间的整体组合”。④

这些对结构特性和课程结构与课程功能关系的深刻分析，为中国内地的课程改革与实践提供了理论指导。

近半个世纪以来，东西方学者对课程结构问题进行了持续深入的研究，使其内涵逐渐丰富。特别是建立在现代科学基础上的系统论，将课程作为一个整体，认为它由不同要素、不同部分组成。无论是狭

---

① 廖哲勋、田慧生主编《课程新论》，教育科学出版社，2003，第224—229页。

② 钟启泉：《现代课程论》，上海教育出版社，1989，第141—143页。

③ 吕达等：《独木桥？阳关道？——未来中小学课程面面观》，中信出版社，1991，第182—183页。

④ 廖哲勋、田慧生主编《课程新论》，教育科学出版社，2003，第230页。

义概念，还是宏观理念，都表明课程结构就是课程内部各要素、各部分之间符合规律的组织形式。

澳门非高等教育的课程结构，显然也受到这些理论观点的影响。

澳门的课程结构优化在吸收当代课程论研究成果基础上，从课程的整体到局部、从抽象到具体、从表层到深层，作出合理、科学、系统的调整，建构起澳门非高等教育的课程结构体系。

第二节　课程结构关系

任何系统的结构都具有层次性。课程的结构层次，在课程设计中有着特殊作用，往往反映出各类课程内在意义与课程各部分外在形态的联结与统一。

澳门非高等教育的课程结构包括哪些层次？相互之间是怎样联系？具有什么特点？这是我们分析、研究其课程结构优化的基本前提。

一、结构的层次划分

因为学校教育往往通过课程的教与学来实现，所以考察课程对教育及其目标所具有的重要意义，可以回答诸如培养什么人的根本问题。

从这个意义上，我们认同“课程即教育”的说法。教育是一个大的系统，涉及的范围、属性、内容等更为广泛，更为复杂，也产生了诸如社会性、文化性、政治性等多种定义，这里姑且不谈。

这里所要讨论的是，只有将课程置于教育这样一个大系统中，才能使考察分析课程的视域更加宽广。课程不仅仅是具体实务操作，更有其内部结构组成，还包含着教育宏观因素。它们密切联系，相互促进，使课程的教育功能最大化。

教育系统的结构类别，规定了课程的基本构成部分，也决定了各种类型的课程结构层次，以及架构层次之间的关系。

根据吕达的观点，解析澳门的课程结构，或许更能体现它的特点。

澳门的课程结构，可划分成两个主要层次，分别是课程整体结构和学科具体结构。它们既表现出不同方面的内容，又体现出相互联系的结构性。

表 5-1 “课程结构层次与关系”对照①

教育结构	课程整体结构	学科具体结构
纵向的各级教育，横向的各类教育，它们的发展、布局及联系	各种课程类型、内容、形态，课程比例及其相互关系等	各门学科教学大纲，以教材为基本内容的课程资源等
学制	课程	学科 / 教材

现根据“课程结构层次与关系”对照表，着重考察澳门非高等教育的课程结构层次与关系，以准确把握澳门的课程结构原理及其内在逻辑。

二、教育结构

澳门《非高等教育制度纲要法》规定，所有人都应当依法享有受

① 吕达等:《独木桥？阳关道？——未来中小学课程面面观》，中信出版社，1991，第182—183页。

教育权利，而不论其国籍、血统、种族、性别、年龄、语言、宗教、政治或思想信仰、文化程度、经济状况或社会条件；公共及私人实体为受教育者的整体发展提供条件；政府有义务提供条件，使受教育者在入学和学习成功方面有均等机会；在接受教育与实施教育方面，政府尊重并确保教与学的自由。

澳门非高等教育，从属性上可分为正规教育、持续教育两大范畴。其中，正规教育包括基础教育、职业技术教育和特殊教育。基础教育在纵向上形成幼稚园、小学、初中、高中四个不同而连续发展的教育阶段。

澳门回归前，澳葡当局对教育采取放任自流政策，且本地缺少高等教育，故未能构成完整的教育体系，各校学生在本地求学深造无门，只好或负笈外地完成学业，或走入社会求职谋生。在难以规定各级各类教育总年限的情况下，澳门各个教育阶段的学制各种各样，课程与教材五花八门。所以这并不是自觉的多样性教育，而是一种迫于无奈的多元化教育。

澳门回归后，特区政府致力建设完整的教育体系。至2006年，高等教育已基本形成拥有10多所高等院校、开办277个不同专业课程的庞大体系。同时，在国家关怀下，内地高校也持续增加在澳门的招生名额，积极为学生继续大学深造和生涯规划创造更好条件。

这对澳门非高等教育发展产生了尤为直接的影响，非高等教育的学制统一也势在必行。

《非高等教育制度纲要法》确立的澳门“三六三三”学制，调整并厘清了幼稚园、小学、初中、高中四个教育阶段，并与四年制大学教育阶段对接，教育结构趋向完善。这为课程整体结构中的类型、内容、比例及其相互关系确立了基本条件。

三、课程整体结构

澳门的课程整体结构，其基本构成部分，是各种类型的课程及其相互关系，主要类型有：

第一，课程范畴方面，有政府课程与校本课程。前者为政府规定的课程，后者为学校自主开设的课程，多为特色性课程。

第二，课程属性方面，有学科课程与活动课程。前者以学习领域建立分类科目，属于核心的课程，后者是进行拓展性教学活动的课程，常以活动方式存在。

第三，课程方式方面，有必修课程与选修课程。前者是基本的、必须修读的课程，后者是灵活的、可有选择学习的课程。

第四，课程形态方面，有显性课程与隐性课程。前者多外显在课表上，后者是潜在的，如环境、校风、师生关系等。

澳门的课程结构设计，充分考虑了课程整体结构中各种类型的课程及其相互关系。

例如，在学科课程内，工具学科、社会学科、自然学科、体艺学科之间的关系与比例，通过有弹性的学段总分钟数加以明确。学科课程与活动课程在时间上作出了明确的区分，突出学科教学课堂主渠道作用，也体现活动教学的课堂拓展性要求。

又如，弹性分钟数的课程时数设计，不但为学科之间的协同与互补提供了有利条件，也为学校在课程统筹谋划上留出可发挥空间。这与内地的课程结构有很大区别。

内地的课程结构严格规定“开齐、开足、开好”每一门课程。而“开齐、开足”的标准，就是明确规定开几门课程、什么科目、每个科目每周开设多少节课时。

以高中语文学科为例，澳门“中国语文”与内地“语文”，同样是必修学科，澳门为高中三年安排的教学总课时为 18 600—26 040 分钟，在这个弹性时数内，各校可以选择每周开设 6 节，也可以每周 7 节，可以高一每周开设 8 节，高二、高三每周各 6 节，因应具体需要，可以有相对灵活的变化。而在内地课程结构中，每周必须开足固定节数。这与内地地域辽阔、人口众多有关，也反映出内地课程结构的严谨性与统一性。

整体结构类型关系，常常反映政府规定课程与校本课程的关系。澳门的《课程框架》保障校本因素可以有较充分的发挥。各所学校可以按照自己学校办学愿景和教育追求，从现有实际出发，开设更多的校本课程，拓展丰富的活动课程，安排适宜的选修课程，满足不同学生的不同需要，向着优质教育的个性化教学，迈出新的一步。

四、学科具体结构

学科的具体结构，主要由学科教学大纲及教材构成。

澳门的学科教学大纲（“基本学力要求”），是每一门学科的基本教育准则和基础教学要求，是教师与学生需共同努力达成的最基本的教学目标。

澳门的“基本学力要求”构成，以“关键能力”“核心品格”为指向，从知识层面、技能层面、能力层面和情感、态度及价值观层面展开，具有实际可操作性，有利于教师的教与学生的学，也使教学的效果检测或者质量评估，有了明确参照。关于这一方面，前一章已有论及，这里不再赘述。

以教材为基本内容的课程资源，是达到教学基本要求的媒介，是课程具体结构的重要组成部分。澳门的教材使用表现出积极的变化，正从以前的“自由制”选择，到现在的“备案制”使用，向“认定制”甚至“审定制”的方向发展。这将在后面第六章“承载课程思想的教材编制”中专门论述。

第三节　调整课程结构

一、功能性的调整机制

如果说澳门非高等教育的课程结构能够较好地显示出课程功能，那么它是如何进行调整的呢？它的调整机制是什么呢？

1. 调整组成课程结构的各要素

澳门非高等教育课程结构调整，对课程功能产生深远影响，是决定课程功能的基本力量。

澳门的课程结构中，长期以来缺乏选修课程，特别是高中课程也未能开设选修课。这严重限制了高中课程的灵活性、多样化，不能满足学生选择学习的需要，影响学生个性发展，久而久之也会对培养适应当地社会经济发展的人才，形成结构性制约。

所以，调整后的澳门课程结构，重视选修课程的开设，留出足够的教学时数，用于学生课程选修。

2. 调整课程内部各要素的组合方式

这意味着课程各要素在整体结构中的地位发生变化。例如，高中课程中，要素之间的组合是否合理决定了文科、理科之间的关系是否平衡。现在随着组合变化，文理科的界限将消除，使学生兼备文理素养。

学科课程与活动课程之间的比例关系更能说明问题。澳门的活动课程在未调整前，很少有学校开设，即使有活动，也多以常识、兴趣活动小组的形式开展。后来有人提出“余暇活动”概念，作为一种活动补充，但未被纳入课程系统。由于学校及教师普遍缺乏课程意识和课程行为，导致活动零散，甚至出现以参加各种各样比赛为由严重挤占学科课程的情况。

2015/2016 学年起，澳门特区政府教育暨青年局明确以三年作为过渡期，自 2019/2020 学年开始调整，将余暇活动划分为两种形态：一是活动课程，作为课程系统重要板块纳入课程结构，全体学生必须选择其中一项或几项适合自己的活动项目进行学习，并规定活动课程在课程结构中所占的时间比例；二是潜能发展，指专门在课余时间，发展促进潜能的活动，也作为适性教育、开启潜能、培养特长的课程拓展活动。这样，保证课程功能更加趋向合理、科学。

3. 调整课程结构要素间的时空关系

时空关系，往往表现出课程结构的整体性，是优化课程结构、实现课程功能的一个重要方面。澳门课程结构的时空关系，在学科设置、内容安排以及与其他课程要素间的联系上，有充分呈现。

时间顺序，是纵向的组合，主要是同一学段各类课程或学科科目和活动项目的开设顺序，以及不同教育阶段的前后衔接上体现着课程内容的承接关系。

空间顺序，是横向的组合，指相邻课程成分和课程要素之间，在课程目标、课程内容上的组合关系。

例如，澳门中小学课程的“品德与公民”学科，从小学教育阶段开始，直至高中教育阶段，时间跨度长达十二年，整个学科教学的认知、行为的发展序列，情感、态度、价值观的形成过程，在《课程框架》及“基本学力要求”中就有科学的安排。反映在澳门特区政府教育暨青年局与人民教育出版社合作编写的《品德与公民》教材中，一个个相对独立单元，以一组组关联主题出现，前后呼应，对于增强课程教学的育人功能，发挥了积极作用。

调整、处理好课程结构中各要素的时间或空间关系，有利于增强课程结构功能。正是这些时间与空间等关系的相互协调，才使课程各部分、各要素，形成功能耦合，产生整体效应。

二、有序性的体现与序变能力的增强

课程的结构优化，一定程度上就是课程内部有序性的增强。同时，因为序列的变化，也会激发和增强课程序变能力。

诚如廖哲勋、田慧生所指出，课程结构的优化，既是有序的，也是灵活的，有广阔的序变空间和多样的序变方式，我们在考察课程有序性时，不仅要考察其有序的程度，更要考察这种“序”的性质。①

针对过去课程教学缺乏相应的学科教学目标要求的情况，回归后澳门非高等教育课程结构比较重视基础性，同时体现发展性。它严格制定课程教学基准要求，注重教学计划，规定课程总体目标和课程具体要求及其课程时间，明确揭示课程质量标准与教学水平要求。尤其从纵向排列、横向组合上作出课程结构安排，具有明确的序列。这使教育教学得以循序渐进，从根本上改变了澳门以往课程教学无序、散乱的局面。

与内地施行的新“课程标准”（以往的“教学大纲”）、香港“课程纲要”、台湾“课程大纲”相比较，澳门的《课程框架》，与之类

① 廖哲勋、田慧生主编《课程新论》，教育科学出版社，2003，第240页。

似，但又有区别。

回归后，澳门非高等教育所确立的课程制度是一个“框架”性产物，犹如建筑物搭建中的柱子与横梁，竖是竖，横是横，而至于墙心材料是用砖头还是其他，墙面铺贴的是瓷片还是什么，都有一定的自主选择空间。

因此，从课程中观层面解析澳门的《课程框架》，它仅对课程目标、原则、结构，特别是对学习领域和科目设置、学年时间及各科目课时分配等，作出规范的指导。澳门的“基本学力要求”，则是从课程各个学段及其相关科目的教学，提出十分明确的基本要求。

从课程论意义上分析，课程结构是一个系统的组合。它在体现有序性的同时，也会发生序列的变化，即序变。这无疑是课程结构优化的一个重要方面。

优化课程结构，能够显示出新的能量。这些能量一定程度上就来自序变。序变可以反映出系统的活力，体现其内在潜力。序变能力是一个系统所具有的重要能力。

澳门的课程结构优化也不例外。它吸收了现代课程发展进步的研究成果，充分关注“序”的性质及其变化，通过增强系统的序变能力，提升课程对社会的适应程度与满足人发展需要的程度。

例如，近年来，各学校所兴起的课程综合、项目统整、跨学科学习以及 STEM 课程等，就是这种“序变”思想的产物。它们打破了一直以来稳定的课程结构顺序与连接方式，所产生的课程影响力已远远超越了一般意义的课程结构。

这种增强的序变能力，对改变学校课程样态、促进师生共同成长，有着不可低估的重大作用。

三、适当增加弹性空间

课程结构，说到底是人们为实现特定的课程功能而建构起来的，属于人为构筑的系统。适当增加一些可度量的弹性空间，将使课程处于一个开放的、灵活的状态，防止课程变得封闭、僵化。

长期以来，澳门处于中西文化交汇点，特别是语言部分比较复杂多样，出现“三文四语”并存现象，因此在课程结构上，需要保持适当的弹性。语文教学可以根据学校情况不同，作出不同的选择。中文学校不同于英文学校，英文学校不同于葡文学校。语言课程在课程结构中的比例和总量，也各不相同。这中间存在需要转换的情况。

课程内部各要素联系与课程结构方式，通过数量关系与比例来调节并可以度量，成为澳门课程结构优化的一大亮点。例如，课程结构具有的弹性空间，即课时的弹性设置，体现了课程结构的开放性、灵活性。学校可以在一定时数内，根据各自学校的课程目的，在规定时数范围内作出相应调整。

从更深远意义上看，这种弹性也不仅仅是课时弹性，更多的是对课程结构关系的改变。这就使得课程结构不至于陷入刻板、僵化的“泥潭”，而留出可改变、可开发甚至可创新的空间。

第四节　结构优化产生的功能

课程结构优化，旨在提升课程的整体功能，使课程目标得以全面而充分地实现。这不仅仅限于物质性变化，更表现在思想、关系、文化等方面发生的变化，是结构优化所产生的功能。

澳门非高等教育课程改革与发展实践中，各校涌现出很多典型案例。

这里，简述以下三种表现。

一、以先进思想引领课程发展

课程系统中，各种课程类型划分以及各科目和活动项目的合理设置，满足了课程总体目标的多方面要求，为课程结构的序变能力，提供了必要的思想基础。

例如，创办于1932年的澳门濠江中学，是澳门爱国教育的一面旗帜，现由校本部（中学部）、小学部、幼稚园部和附属英才学校四个校部组成。其中，附属英才学校于2010年9月在原氹仔分校旧址创办，在传承学校优良传统基础上，适应社会新发展，以学生发展为本，坚持“德育为先，培养和谐发展、具有国际视野的精英人才”的办学宗旨，坚持“双语教育”“艺术教育”和“奥林匹克意识”的办学特色，以先进教育思想引领课程发生质的变化，形成强劲的发展态势。

二、以结构重组促进课程发展

课程系统内部各要素相互协调，形成一个有机整体，产生“非加和性”，即非线性特征，最大限度地体现因结构变化所产生的“功能耦合”。

例如，澳门培正中学是一所有130多年办学历史的老牌名校，正从传统课程结构中走出来，从推动数字学习，倡导学生自主发展，到通过区域合作和国际评估，开展适才教育和分层教学，为不同潜能的学生提供多元化课程。它大胆地突破固有课程模式，积极探索课程框架下的结构重组与调整，最大限度地发挥出课程的耦合功能。特别是在 STEM 合科教学进入正规课程的课题研究与实践中取得良好成效，2018 年，此课题荣获基础教育国家级教学成果一等奖。

三、以学校文化推动课程发展

课程结构及功能变化，必然带来教育观念的转变，形成新的学校文化；而学校文化自觉与持续建设，又增大了课程价值。

例如，澳门教业中学是一所传统的爱国的中文学校。它秉承何贤、尹君乐两任校长“教重在德，业精于勤”的办学宗旨，以培养“具有‘家国情怀、传统根基、世界眼光’，适应澳门未来发展需要的优秀人才”为使命，在严格遵循《课程框架》基础上，导入 IB 课程，以学习者社区为平台统整课程，初步建构起融汇传统与现代、本土与国际的课程体系，学校得到快速成长与壮大，开始走上一条国际化办学的崛起之路。

本章小结

树立科学的课程结构观，从宏观的、整体的、具体的三个层面，把握课程内部各种关系构成，为优化课程结构、增强课程功能，提供了基本保证。

课程结构决定着课程功能，是课程功能赖以存在的条件与形式。换言之，课程功能是课程结构的内在反映。没有好的课程结构，课程就必然失去突出的功能优势。

《课程框架》之所以称为“框架”，而非“标准”或者“大纲”，自有它的意味。

《课程框架》既有明确的课程政策规定，以支撑政府对教育及课程的愿望，也公平地顾全社会各种群体对教育的需要。而在具体课程内容是什么，或者课程教学策略怎样使用等方面，《课程框架》显然给学校及教师留有充分余地。

这种刚柔并济的课程框架结构具有合理性、科学性。它使学校具有自主发展的较大空间。这意味着学校及其教师可以对整体结构内的各功能要素进行重组，使课程结构焕发出应有的活力。

当然，更为关键的是学校在“框架”之内，是不是具备对课程思想的正确理解力，有没有选择填充多种合适材料的勇气、能力与作为，能不能善于利用课程结构“弹性”跳起来，使“政府的课程”逐步走向“学校的课程”，也就是说，可不可以以此促进课程结构要素组合，产生合理、科学的变化。

课程改革不是一蹴而就的。澳门非高等教育的课程改革，从具体实施过程分析，课程多样性方面的优势，似乎还没有充分发挥，表现类型还比较单一，尤其是必修课程与选修课程之间尚未形成递进关系。选修课程内容与要求相去甚远，这可能与大量的选修课程还依旧停留在兴趣小组活动层面有关；必修课程应该为选修课程提供必要的知识支持，这一点还需要深入研究。

与此同时，选课、走班、管理、评价等新问题，也需切实面对并认真解决。只有如此，才能真正体现澳门非高等教育的课程改革因应课程结构变化所带来的多样化发展。正如前述的三所代表性学校，从不同的维度积极寻求课程结构调整，增强序变能力，使得学校焕发出蓬勃生机。

总之，课程结构是课程系统中的一项关键要素。课程结构优化，可以激活更大的课程功能，但必须有课程系统内其他各相关要素的支持，包括教材、教学、评估等。只有从整体上把握结构，课程才能在调整中不断趋优发展。

第六章　承载课程思想的教材编制

有了明确而合理的课程结构，就需要考虑教什么、用什么教的问题，教材客观上成为课程的有力支撑。

教材反映了课程基本内容，是课程资源的有机组成部分，对实现课程目标，发挥着直接作用。所以说，教材编制同样承载着课程思想，是课程改革与发展的重要实践活动。

澳门非高等教育教材长期以来处于自由泛滥的状态，这一定程度上成为制约课程教学发展的一大问题。

澳门回归后，特区政府积极发挥行政主导职能，在建立形成课程体系的同时，逐步推动教材建设。特别是近年来，随着课程改革不断深入，澳门特区政府教育暨青年局或联合有关的教育出版社，共同组织编写部分学科教材，或建议选用高质量教材，使澳门的教材建设有了新的发展。

教材发展，是不断适应社会需要的发展，是不断创新教育教学成果的发展。

第一节　回归前教材乱象

一、教材的选用

回归之前，澳门除当时的官立学校沿用葡萄牙教材外，其他中小学均没有统一的教材。各校根据各自需要，选择适合自己的教材，各选各用，自行其是。这一现象，很大程度上与各私立学校办学实体的价值取向密切相关。

从办学背景分析，澳门私立学校基本上由教会与华人传统社团或慈善机构兴办。教会学校常设有英文学校与中文学校两种。

从发展历程和传统习惯上看，教会学校多以国外或中国香港地区的课程为导引，升学也以国外或中国港台地区为去向，就往往采用英美国家或中国港台地区教材。传统社团学校基本上与内地课程联系比较紧密，升学方向也多为内地，往往采用内地教材。

因学校之间存在差异，各校就根据自身标准决定教材的选择和使用。这种客观存在的多元化办学、多样性课程、多渠道升学等状况，自然导致澳门教材的“自由制”选择。

更复杂的是，澳门非高等教育一直以来没有本地的统一考试，却具有应试教育的特征，使得原本各自经营的私立非完全中学，因为学生来源或继续升学渠道等因素，建立起上下衔接的“挂钩”关系，加剧了各种教材自由充塞、鱼龙混杂的乱象。

二、教材的引进

引进邻近地区的教材，既是澳门各学校实际需要，也是别无选择的无奈之举。

邓国俊、贝磊曾就澳门20世纪90年代中学数学教材使用，做过一项抽样调查，发现17所中学的数学教材，来源地极为复杂，既有中国内地，也有中国香港等地区，还有葡萄牙、英国等国家。其中，香港版教材占大部分，有一些还是翻译的外版书。除了来源渠道众多，研究人员还发现各种教材的出版时间比较老旧且差异很大，普遍出版于20世纪70—80年代，最早的甚至还是50年代的产物。①

长期依赖引进的教材，不仅知识陈旧、老化，而且与澳门社会、生活实际严重脱节。例如，来自香港的英文学科教材，大量介绍的是香港科学馆、地下铁路、新机场等；在数学、物理、化学、生物之类学科教材中，很难看到中国科学家的贡献与事迹；历史、地理学科教材，也多是以香港的历史、地理内容为主。更有甚者，有的教材不可避免会带上一些隐蔽信息，传达思想意识、道德观念、社会文化等方面信息，对师生造成极大的负面影响，也可能直接造成师生认知混乱和行为偏差。

三、教材的编写

澳门回归前后，有一些学校逐步意识到中小学教材的重要性，试图改变教材过度依赖外地的情况。也有出版社开始为澳门中小学编写教材，香港启思出版社的小学《我爱学语文》、香港教育出版社的中学《中国语文》就是那个时期的产物。

但是，这些教材基本上都是依据香港的课程教学要求组织编写的，大量采用香港本土作家与作品，与澳门当地社会文化必然相去甚远，给教学带来很多难处。澳门师生难以把学习与认识祖国和澳门

---

① 邓国俊、贝磊：《多元课程及进口教科书的影响：中学数学科的类型及发展》，载古鼎仪、马庆堂编《澳门教育——抉择与自由》，澳门基金会，1994，第74页。

社会结合起来，显得很不“接地气”，更不用说具有澳门自己的课程特色。

四、教材的补充

为了弥补教材的诸多缺憾，不少学校教师自己动手研发课程，编写了校本教材作为补充。特别是传统社团办的学校，如濠江中学、镜平学校、教业中学、劳工子弟学校等，在小幼部乃至中学部都适量选用《三字经》《弟子规》《增广贤文》《论语》《孟子》等儒家文化经典之作，专门开设“经典阅读”“国学入门”等课程，加强传统文化教育，培植根基，滋润生命。

但是，这些教材仅仅是零星补充，只能是点缀式的，不可能形成严谨的教材体系。

第二节　本地教材发展考察

一、教材的多源并流

考察澳门非高等教育的教材发展，既有中华文化传承，也有西方教会色彩，体现出多源并流的倾向；既沿用中国内地教材，也照搬中国香港等地区的教材，还引入英国等国家的教材，显得种类繁多。虽经时代变迁，但由于影响教材使用与发展的多种主客观因素长期以来没有调和，因此存在各校各行其是的现象。

随着资讯科技在教育的广泛应用，多功能、多媒体、多技术出现组合趋势，但因为各校对课程资源获取渠道、选用标准不一致，再加上校际交流缺乏，难以形成合流趋势。这种局面几乎持续至澳门回归。

随着1993年3月31日《中华人民共和国澳门特别行政区基本法》的审议通过，教育宣传工作势在必行。据澳门中华教育会前会长李沛霖所述，由澳门基本法协进会（回归后改为“基本法推广协会”）、澳门中华教育会联合编写基本法的教材，“这本教材可以说是最早进入中学课堂的基本法教科书”①，为在社会和广大师生间广泛深入地宣传学习澳门基本法，作出了积极贡献。

从这一状况可以看到，澳门的教材虽然多源并流，但也不是不可汇流，关键在于以什么思想、什么内容、什么方式达至共识。

一段时期以来，在澳门中小学，比较流行这种类型的教材：它比较偏向于社会需求，以解决社会问题为核心内容，如国家宪法与澳门基本法、治安管理、环境保护、科技教育等，增进学生了解社会、适应社会的能力。

这些教材大多由特区政府有关部门或社会团体自行编写，由教育行政部门提供或直接向学校发放。这些教材重点在于解决个人与社会生存问题，强调社会生活内容，也注重学生发展。它一般以专题形式编写，突破学科界限，依照材料与问题相关性组织安排教学内容。学校根据各自需要，可以申请联系安排专人来校讲授，对及早培养学生的公民意识、开阔学生的视野，起到一定作用。

从教育现象看，这种社会中心式教材，多是碎片化信息，未能构成足够有效的教材教学，但是由于它有存在需要和教育意义，常易被大家所接受，使教材作为课程资源的观点逐渐被人们认同和接受。

① 温学权、杨珮欣主编《会史留声：澳门中华教育会口述历史》，澳门理工学院，2015，第220页。

二、教材的社会基础

在澳门这样一个特别地区，教材发展是项很敏感的工作。教材的研发，也往往备受社会各界和市民的关注，甚至会引起许多争议和批评。这无论在香港还是澳门，都是一个客观存在的现实。但是，澳门按着既定的路线，积极稳妥地推进教材建设，使教材建设逐步走上良好发展的轨道。

郭晓明、王敏在《澳门回归以来教育发展与经验》中深刻分析澳门的教材发展现状，指出澳门教材场域中参与者政治谱系的不同将带来视角的不同，对问题的认知及行为会有不同，自然对发展教材的立场也就不同。然而，在澳门各政治谱系中所形成的主流视角是“从中国看澳门”，即“将澳门当作中国的一部分，并从中国的整体利益出发看待澳门”，“在历史、文化、主权和法治等一系列问题上”，“强调澳门与国家的紧密联系、内在的共同根基以及发展的共同利益；同时也不否认澳门的多元性、独特性、本土价值和合理的利益关切”①。

该观点符合“一国两制”思想的要求，准确地把握住“中央的全面管治”与“港澳的高度自治”边界，为澳门本地教材的发展，提供了良好条件和社会基础。

澳门特区政府教育行政部门积极发挥行政主导功能，坚持澳门社会文化主流视角，通过适当的渠道与方式，主动吸纳各种政治谱系，共同研制、编审教材，包容政治社群利益与合理需求，从而在有效沟通和适当妥协中，建立起政府与民间、学校与社会的对话机制，整合资源，寻求平衡，化解冲突，使“自上而下”和“自下而上”的两种力量

① 郭晓明、王敏：《澳门回归以来教育发展与经验》，澳门启元出版社，2019，第 158 页。

共同作用，促进了澳门非高等教育的教材建设。

三、教材编写的进展与规划

澳门回归后，在澳门中联办教育与青年工作部和澳门特区政府教育暨青年局的推动下，澳门中华教育会与澳门天主教学校联会两大教育社团共同参与，校际交流逐步增强，促进了各校使用教材的教学交流。从经典读本到教学讲义，从补充教材到教辅材料，以及多媒体制品等，多种教材资源开始广泛流通，满足教学的需求。

在《非高等教育制度纲要法》颁布实施的背景下，为配合即将开始的课程改革，澳门非高等教育独立编写教材刻不容缓、迫在眉睫。

2007 年，澳门特区政府教育暨青年局正式委托人民教育出版社联合编写《品德与公民》，并相继出版小学、初中、高中试用版和修订版，得到各校广泛响应，使用率已达到 100%。

近年来，由特区政府教育行政部门会同有关出版机构组织编写、推广的澳门本地教材，不断扩充，不断完善，呈现出良好的发展态势。

表 6-1　澳门编写出版的本地教材

教材名称	编写及出版者	进展情况
《品德与公民》	澳门特区政府教育暨青年局 人民教育出版社	小学 2008 年 9 月出版，2016 年 9 月修订；初中与高中 2009 年、2010 年先后出版，2018 年、2019 年修订
中学《历史》	澳门特区政府教育暨青年局 人民教育出版社	2017 年开始编写；2020 年完成初中六册、高中六册的出版
《中国语文》	澳门特区政府教育暨青年局 广东教育出版社 澳门启元出版社	小学 2017 年编写，2019 年出版；初中及高中 2018 年开始编写，2020 年出版
小学《常识》	澳门特区政府教育暨青年局 澳门科学技术协进会	2019 年出版一、四年级教材，供学校 2019/2020 学年使用

续表

教材名称	编写及出版者	进展情况
《书写我城》 （初中文学补充教材）	澳门特区政府教育暨青年局 澳门笔会	2014 年出版
《澳门地理》 （初中补充教材）	澳门特区政府教育暨青年局 人民教育出版社	2015 年出版

从表 6-1 可以看出，澳门特区政府在教材的规划与实施中，充分注重人文学科的教材编写，并先期突破，逐步拓展。

目前，中小学《品德与公民》学校使用率达到 100%。《中国历史》也从刚开始时学校使用率 45%，上升到 93%，并持续上升。《中国语文》小学版已经于 2018/2019 学年在小学一年级和四年级开始试用，中学版也将投入试用。

那么，从现在已编写的澳门本地教材中，可以看到哪些编写的特点呢？分析这些共性特点，有利于进一步认识澳门的课程改革思想，更好地指导教学实践。

第三节　系统编制的教材及其特点

对教材的概念定义有很多。我们认为，钟启泉先生的观点更符合现代教材所应该具备的特点，在澳门本地教材编写中，也得到较充分体现。他指出，教材是教学过程中一个不可或缺的要素，包括了教师教学行为中所运用的一切素材和手段。它是“教授及学习的材料”，

“它作为师生之间的媒介，而使教育活动得以开展”。①

这里截取几个方面，阐明澳门当前系统编制教材的主要特点。

一、教材是教学的基本内容

教材之所以不可或缺，是因为课程目标需要通过教材来具体落实。教材承载了课程思想，课程建立在教材之上。

因此，澳门的教材必须依据澳门《课程框架》及“基本学力要求”编写，是澳门课程目标及其设立的学习领域与相关学科教学要求的具体化。换言之，教材是澳门的，要符合澳门实际，体现澳门课程特性。这反映出教材与课程的联系。

教材是教学的内容，解决教什么、学什么的问题。内容的选择和安排，在澳门教材中，大多体现为“学科系统”与“生活逻辑”的结合，不仅仅是教会学生懂得什么，更重要的是让学生会做什么。

例如，《品德与公民》以“个人”与“社会”为两大主线，以学生逐步扩展的生活世界为学习主题，围绕澳门社会现象和现实问题，融入现代公民教育的基本内容。选择具体的、真实的与社会相映照的学习内容，包括有关日常学习生活、家庭生活及社会公共生活中存在的实际问题，针对道德两难、成长烦恼与社会关切，组织安排内容，正面面对并解决各种冲突、困惑或矛盾，凸显课程目标。

这样的教材内容，使课程适切澳门、走进社会、贴近生活，真实、真切、真情地促进学生形成良好品德，提升学生的社会实践能力。

《品德与公民》的成功编写，为澳门教材建设提供了先行先试的样板，受到大家欢迎。

---

① 钟启泉：《现代课程论》，上海教育出版社，1989，第 329 页。

二、教材不仅仅是解决学什么的问题

教材作为教学用书，是在教学过程中使用的，应该适应并适合于教学。这就要充分考虑教材与教学方法的联系。好的教材，能促进教与学的方式转变。

教材是师生教与学之间的媒介。随着资讯科技日益发达，丰富的、广泛的、多样化的有效信息，都应该是值得注意的资源。教材不是教师单方面的应用材料，不能只停留在一般所谓“课本”的概念。在一定意义上，教与学的过程，恰恰是师生通过教材更好地互动和成长的过程。

例如，《品德与公民》教材的编写，就是从“品德的形成是认识、情感、信念和行为统一的过程”的学科规律出发，提供大量的思维训练和活动材料，引导学生在具体的道德实践和社会参与环节中，以道德判断、道德行为和社会认知、社会感情，运用所学知识或原理、技能或方法，去展开感受、体验、探究，进行思辨、讨论、总结，从而激发学生道德情感，积累做人做事的经验，提高道德行为的素养。

从《品德与公民》教材中可以看到，澳门的教材，不仅仅解决了教学内容的问题，还体现了教与学的方式，反映教与学之间的相互联系与发展。这体现了现代课程思想对教材编写思路所产生的积极影响。

三、教材是师生实现课程目标的媒介

教材是课程的重要表现方式，是澳门《课程框架》及“基本学力要求”的信息载体。课程中各门学科及其各类教材，组成了课程教学内容，揭示了学科学习规律，往往以育人目标、学习内容、活动方式为基本成分。

那么，教材不仅要解决教什么内容、怎样教学的问题，还应该处理好学科在课程体系中的地位与作用。这是其媒介功能的反映。

在澳门课程体系中，“品德与公民”学科是一门以培养学生道德品质与公民修养为宗旨的学科，育人作用不可低估。各教育阶段，虽然学生的年龄特征各不相同，但是在德育目标方面，有着共同的使命与任务。既要形成正面的价值观、积极的人生态度、克服困难的勇气和有爱心、肯负责的良好品质，也要加强对家庭和学校归属感和对国家及民族的认同感，增进爱国爱澳情怀；既要培养民主、法治、人权、公正等公民价值观念，以及批判思考力、理性决断力，也需培养对多元文化和不同生活方式的尊重和包容，开阔国际视野，初步养成“地球公民”的意识与责任感。

那么，教材如何通过教与学，实现课程目标？

例如，初中三年《品德与公民》教材共六册，通过教学，使学生具备一定的道德判断和道德行为能力，同时形成社会认识、发展社会感情、进行社会行为，促进学生良好品德、公民参与和社会实践能力的提高。

教材以“双线、单元、主题”递进关系和内容逻辑顺序展开教学，达成课程目标。这里的“双线”，由个人成长方面（自我与朋辈—自我与家庭—自我与未来）、澳门社会方面（澳门与世界—公民与政府—机遇与挑战）构成。这两条主线每学年各自安排四个单元，每单元下设立三个主题，把课程目标体现、落实在“认识自我、完善自我、发展自我”和“了解澳门、参与社会、改进发展”的主题认知和行为实践中，从而整体上把学科地位在课程体系中凸显出来。

考察从小学一年级至高中三年级的《品德与公民》教材，遵循青少年道德发展、心智和生理发展阶段性、连续性的规律，按照不同教育阶段、不同年级教学重点，编排不同的单元主题，以逐步实现课程目标。这是教材编写所坚守并显著表现出来的特点，在实际教学中具有很强的可操作性。

四、教材对学生认知影响与素养形成尤为重要

教材为学生提供了认识世界的规范化、具体化的程序和渠道。有什么样的教材，就有什么样的教育，进而有什么样的人生。

澳门《课程框架》及“基本学力要求”明确不设置通识科。这倒不是科目设置问题，而是课程设计的安排。在香港，很多学校不开设历史科，而是将其纳入通识科，但该科既缺少具体明确的课程指引与评价，又缺乏经教育行政部门审定的相应教材，多是教师针对某一主题搜集一些报章资料来组织学生学习。报章资料本身来源复杂、深度不够，而且按照教师个人喜好选取的内容也会存在片面甚至谬误，容易偏离正确的价值取向，导致不良后果。

2017 年，澳门特区政府教育暨青年局正式委托人民教育出版社编写澳门初中、高中历史科教材。截至 2020 年，初中一、二、三年级上下册，高中《中国历史》(必修)、《世界历史》(必修) 和四门选修教材，共十二册，已全部正式出版。这套教材在澳门各个中学中广泛使用，收到良好效果。

2020 年 1 月，澳门特区政府教育暨青年局又修改《课程框架》的教学计划表，将原“个人、社会与人文”领域的“历史”与“地理”两科分设，以更加符合全人教育的发展需要。

习近平主席 2019 年 12 月视察澳门时，走进濠江中学附属英才学

校，与澳门中小学校长和学校师生亲切交流，在现场观看一堂中国历史公开课后发表讲话，指出爱国主义为澳门贯彻落实“一国两制”打下了坚实的社会政治基础。

第四节　教材承载课程思想

一、教材建设是课程发展重点

20 世纪 90 年代以来，澳门教育界对中小学教材的关注程度越来越高，澳门存在的教材乱象和暴露出来的教材问题越来越凸显。

表面看，澳门教材一直以来的多样化，似乎反映了澳门教育的多元性。透过现象看本质，这种现象实则反映了澳门非高等教育既没有课程制度，也没有教材要求，更缺乏对教材的研究。长期以来，政府对各私立学校的教材使用没有任何限制，只要学校愿意，什么教材都可以使用。不少学校将教材使用的选择权甚至决定权交给各科组教师。这导致各校所选用的教材难以形成完整体系，缺少教材之间连续性，更缺乏课程内部联系。

例如，从幼稚园至高中“一条龙”学校的中文科，小学采用的是香港启思出版社《我爱学语文》，但到中学却采用香港教育出版社的《中国语文》，也有转换采用暨南大学出版社的《中国语文》或人民教育出版社《语文》的。这几家出版社中文科教材的课程目标、教学要求都各不相同，编写体例也不一致。这就必然导致学生教育阶段的学力发展受到严重影响，相互之间缺少衔接，难以贯通；甚至教学要求也难以一致，存在很多知识缺漏，不成体系。更有甚者，出现一门学科需要教师将三四本教材组合使用的怪现象。

这种自主、自由式的教材使用，导致课程教学严重的盲目性、随意性。

回归后，特别是随着澳门教育制度的建设与完善，教材问题作为课程改革的重要部分，已成为制约澳门教育发展的一大重要因素。

因此，系统地规划、建设本地教材，就成为澳门非高等教育课程改革与发展的重中之重。

二、单科教材的编写

澳门目前所展开的单科教材编写，既从实际出发解决眼前问题，为教材编写积聚经验；也为积极探索建设教材制度作出准备。其中，人文教育的教材建设是当务之急，必须率先起步。

单科教材的编写，关键是对各教育阶段的课程及其学科，有完整的规划与设计。特别是要以《课程框架》及“基本学力要求”为依据，围绕学科学习任务，建立纵向进阶序列。

《公民与品德》教材作出了很好的示范。全套教材，贯通小学至高中，具有明确的目的性、强烈的层次性，以及严谨的学科结构和有联系性的社会逻辑，由低向高，由浅入深，循序渐进，前后呼应，相互作用，形成了一套完整的独立教材体系。

在具体内容安排上，教材不但遵循本学科逻辑，而且遵循思辨引领教学过程的原则，尽可能多地触发学生情感、态度、价值观等非认知因素，建立“学习任务群”，调动学生的学习热情，使学生主动地参与学习。

中学《中国历史》教材，是以基础的、本质的、有代表性的内容为范例编写的教材。它坚持让学生面对问题情境展开学习活动，重在培养学生独立思考和判断的能力，突破了一直以来历史学科百科全书式的知识体系。它最鲜明的特点，在于提供有价值的个别范例进行教学，反映了学科整体面貌，也解决了以往教材内容庞杂、纷繁的问题，克服了单一追求知识传授的通病，比较适合澳门学情。

《中国语文》教材，从已投入试用的小学一、四年级两册情况来看，教材容量较大，体现以语用为主进行选文、安排训练的编写思路，吸收了近年内地小学语文教学研究的一些新成果，所编排的语言训练阶段性序列，有利于澳门小学生中文母语能力的发展。但学科内在逻辑、语文要素与澳门本土中文语境的黏合力尚可增加，这在试用中还有待进一步观察分析。同时，小学与中学的《中国语文》教材之间关联、发展的程度，也值得关注。

小学《常识》教材编写，吸收了现代课程理论研究成果，呈现出明显的课程综合化倾向，对相关学科的知识经验进行严格筛选和精心组合，形成新的教材形式，在人文社会与自然科学的联系方面作出新尝试，展现新作为。但教师普遍反映容量过大，内容庞杂，有可讨论之处。

总体观察，澳门本地已出版的单科教材，较明显地打破了长期以来以知识为中心的思维定式，改变了以往过于强调知识系统性和逻辑严密性的“压缩饼干”式的教材模式，为澳门深入推进课程改革与发展提供了良好条件，创造了优越环境。

三、把教材纳入学校课程体系

现代教材编制理论告诉我们，教材是课程的重要表现形式，是实现课程目标、体现课程准则的信息载体。教材的结构和功能，直接影响育人质量和教学活动方式。教材内容是知识、能力、情感、态度和价值观等各种要素的有机组合体。因此，它必然成为学校课程体系的有机组成部分。

对澳门而言，如果说单科教材编写，是学科个体性品质，那教材系统化，特别是全面形成与澳门课程完善配套的教材体系，反映教材工程的整体水平，应该是推进澳门课程建设，助力澳门教育迈向优质教育的极其重要一步。

第一，经过近几年来的探索，澳门非高等教育教材编写获得了非常宝贵的经验，尤其是人文社会课程领域学科教材的编写，结出了可喜硕果，也在澳门学校及师生、家长中，建立起良好声誉，反映大家对教材建设的认同。

第二，在澳门独特的教育环境里，教材发展还可以放开手脚，更有作为。例如，在"学科逻辑、社会需求和学生发展"上，尝试更和谐的统一，这是课程对教材建设的需要。

第三，尽快启动编写数学、物理、化学、生物、地理及体育、艺术等学科教材，以实现澳门全套教材与《课程框架》及"基本学力要求"的直接对接，使课程目标全面落实于学科、教材、教学。因为现在各学校选用的数学等理科教材与体艺教材，大多还是来自内地或者香港。这些教材编写所依据的课程标准或课程纲要，客观上与澳门本地的课程目标与学科教学要求，还存在较大、较多差异，不利于反映澳门非高等教育的课程思想，也会对全面提升澳门学生的核心素养造成影响。

四、教材制度的建设

随着课程改革的深入，解决澳门教材问题，必须从制度上加以建设。

根据澳门非高等教育历史状况，现有教育制度中都明确规定学校充分享有教材自主选用权。政府似乎也一直被阻隔在教材市场之外，造成行政主导功能缺失。如此，澳门不要说完全独立编写、建设完整的教材体系，即使政府要负起对教材市场监管责任，也好似有诸多客观困难。

考察港台地区教材制度，香港现属于“一纲多本”，自由选用；台湾是“一纲多本”，各校自选。港台的通行做法，是由教育行政部门负责统一制定各学科课程纲要，由不同出版社邀请学者编纂不同版本教材，各级各类学校可以依照各校自主原则，选用不同出版社出版的不同版本的教材，但是，政府对教材编写有清晰的指引原则与准入机制。

内地教材制度也在不断调整。21 世纪初启动新课程改革，内地改变长期以来“一纲一本”的大一统做法，开始转为“一纲多本”，即由教育部颁发课程标准，多家出版社（包括几家师范大学出版社）严格根据课程标准组织力量编写教材，经国家教材审定委员会审定后出版，可以有不同的版本供选用。对于教材的选择，规定可由县级以上的教育部门决定，但实际操作中，主要考虑高考及命题等因素，一般以省（自治区、直辖市）为范围统一使用。

随着内地课程改革的不断深入，道德与法治、语文、历史三个学科开始实行由国家统一编写、统一审查、统一使用。

近年来，澳门特区政府调整职能定位，根据澳门基本法及教育法规有关原则，发挥行政主导作用，开始介入教材市场，提供优质服务，给予有针对性的扶持政策。

郭晓明研究提出建立澳门教材有限认定制，这是一个具有智慧且比较可行的办法。教材有限认定制度，意在体现特区政府有限参与，凸显特区政府服务职能，为各方沟通与合作创造可能。

建立政府与民间相结合的教材认定机制，同时尊重学校与教师教学自主权，保留学校与教师对教材的选用权。把“标准”的责任明确归于政府，把“选择”的权利继续归于学校。如此，政管校选，各司其职，有利于提升教材开发质量和促进教材市场健康发展。

本章小结

本章从澳门教材的历史状况和现实需要出发，深入探讨澳门非高等教育课程改革中的重要内容，即教材建设问题，提出澳门当前教材建设所面临的工作任务与发展思路。

澳门长期以来存在的教材使用乱象，既在一定程度上造成课程思想的混乱，影响课程的品质，也阻碍了澳门课程本地化进程。

回归后，特区政府高度重视非高等教育的教材问题。特别是近年来，特区政府主动作为，牵头系统编制本地教材，逐步促进教材的规范化建设和科学性发展。

在“一国两制”下，鉴于教材领域存在的政治谱系，如何发挥特区政府行政主导效能，反映多元参与作用，吸纳政治谱系中的各种力量，建立化解、包容、平衡的内在机制，澳门作出了很好的探索。①

这种编审合一的实践方式，使澳门教材发展迈开了坚定有力的步伐，并凸显出本地教材研制的特点。

① 郭晓明、王敏：《澳门回归以来教育发展与经验》，澳门启元出版社，2019，第162—164页。

教材内容从只重知识，发展到重视知识、能力和情感态度，进而注重培养学生核心素养。澳门教材在建设中表现出若干特点，即教材是学习内容，是师生共同走向课程的媒介，直接影响学生核心素养的形成，反映澳门教育现代化进程中的追求。

教材的系统性更多地体现在教材体系的建设。教材体系的各部分相互交错，有机联系，共生共存，完整搭建，为实现课程目标服务。

当前，澳门非高等教育的课程改革与发展，在制定《课程框架》及“基本学力要求”的基础上，从本地教育政策和教学基准出发，需要发展高质量的教材、提供教学内容、丰富课程资源，以实现课程目标。

特区政府教育行政部门有责任担当，对课程体系下所产生的各种各样教材，进行使用备案，登记了解；而且进一步作出规范，建立准入机制，制定认定标准，明确什么适用、什么不宜、什么需要调整，引导并帮助学校选择和使用教材。

澳门特区政府教育暨青年局邀请各有关出版社，根据澳门非高等教育的课程要求编写各科教材，经专门机构认定后，提供给学校选择使用。针对内地出版的其他教材，或者香港、台湾地区出版的其他教材进入澳门市场，如果按照“有限认定制”，那也应经过认定，方可供学校选用。这样，从一定程度上可以保障教材的适用性，有利于教材的高质量建设。

第七章　教师是课程发展的第一资源

教材等教学内容确定后，什么样的教师用怎样的专业水平实施教学，无疑是课程改革发展成功与否的关键。

教师专业化发展，是指教师在专业素质方面不断自主发展和完善，以确保课程得以实施，教学目标得以实现。

教师专业化发展与促进学生更好学习密切相关。它应该发生在课程教与学的全过程。从这一意义上说，教师是课程发展的第一资源。课程发展水平往往取决于教师的教育情怀、课程理念、教学智慧、课堂策略等，也包括师生关系。

教师只有提高对课程的理解力，才会有课程执行力。教师要通过多途径、多层次提升专业能力，以更好地履行法律赋予的责任与义务。教师的职级制度，对稳定教师队伍、明确教师专业地位、提高教师经济收入和促进教师专业水平提升，发挥了良好的作用。

第一节　教师专业化初期概貌

回归之前，澳门的教师专业化发展路途十分坎坷。

澳门教师教育肇始于20世纪30年代末。广州协和女子中学在1938年1月迁来澳门，内设师范班，师范课程分普师和幼师两项，全校中、小、幼及师范生一度达至九百多人，成为澳门教育史上最早的师资培养基地。它在澳门办学七年，对澳门的教师教育，尤其是对幼儿教育影响深远。①

同期，从广州迁来澳门的执信女子中学也开设师范课程，以培养普师为目标，因在澳门办学时间较短，影响不及协和女中。

1949年前后，有多所大学迁到澳门续办一些学系和专业，针对澳门师范教育资源匮乏的情况，这些大学不约而同地开设了教育系或师范课程。例如，华南大学文商学院的社会教育系，成为澳门高等教育专业课程之始。②随后，圣若瑟中学的师范科、濠江中学的简易师范班等的兴办，也为澳门的师资建设作出贡献。③

综观这一时期的教师教育，虽然开办的师范班较多，但往往规模较小，招收本地生源不多，办学时间不长，专业化发展程度普遍不高，经培训的师资也多有流失。

直到20世纪80年代，澳门中华教育会牵头与华南师范大学合作开办师范教育，进而以澳门大学（前身为东亚大学）教育学院为主开办教育课程培养师资，才使澳门的教师专业化发展有了一个质的

---

① 刘羡冰：《澳门教育史》，人民教育出版社，1999，第178—180页。

② 同上书，第181页。

③ 同上书，第184—188页。

飞跃。

从 20 世纪 30 年代末至今，澳门教师专业化走过了一条不平凡的道路。

据澳葡当局教育司 1985 年统计资料，全澳受过教育专业培训的中学教师只占 23.8%，小学及幼稚园教师只占 20%；而学历未符合法定入职条件的中、小、幼教师超过 60%。[①] 这当然是澳葡当局长期不承担公共教育所造成的恶果。

澳门教育界，特别是澳门中华教育会，千方百计地与政府沟通，终于在 1985 年与华南师范大学合作，开始了对教师专业教育培训，使澳门教师教育的状况逐步好转。

这项工作，不仅载入澳门中华教育会史册，在澳门教育史上也是彪炳春秋的大事，开创了澳门教师专业化初期发展的新路径。

李沛霖时任澳门中华教育会秘书长，直接参与了这一工作。他口述的那段历史，弥足珍贵：

> 澳门那个年代，很多老师都没有大学和师范学历，像我 1967 年高中毕业就教初中的课了。1984 年，听说香港教联会等正考虑争取在华南师范大学（时为华南师范学院）开办一些科目培训班。中华教育会理事会研究后形成决议，派我和另一名校长，拿着当时澳门新华社写的介绍信上广州接洽。好不容易找到学校主管部门道明原因：当年澳门接受过师范培训的老师占全部老师比例不够四分之一，绝大部分都未受过专业培训，所以我们很急需开办一些培训课程。这个日子是 1984 年 3 月 7 日。我记得非常清楚。

① 刘羡冰：《澳门教育史》，人民教育出版社，1999，第 195 页。

华南师范大学很是支持，从这往后大家一起洽谈方案。我们甚至找到当时澳葡当局的教育部门，陈以利害，希望得到支持。政府出钱，我们出力，华南师范大学出老师，共同培训澳门在职教师，这对澳门整个教育都有好处。就这样经多方努力，第一班150人于1985年3月6日在澳门总统酒店举行开学礼，这项工作受到学校及老师的欢迎，集中了一批学校行政与教学骨干。

办这个课程叫什么专业呢？叫教育专业，对各门学科教育都适用。办了1985级，再办1986级，头三年大专教育到后期补充两年成为本科。我们都很珍惜，很努力，也很有成绩。"在职兼读"在当时可谓创举。毕业后，澳葡当局也承认这学历。

华南师范大学在澳门开展的教育专业课程培训，造福澳门教师，推动教师专业成长，我自己也受惠其中。当取得毕业证书和学士学位的那一刻，真的非常高兴。①

李沛霖的这段"教育叙事"，不仅是澳门历史的时代记忆，更是当时教师教育的精彩回顾。

在这样一个历史背景下，寻求这样一条澳门教师的专业发展路径，令人感慨。澳门教师专业化发展初期面貌，可见一斑。这里凝聚了祖国对澳门教育事业和教师专业发展的关怀，为澳门教师提供专业课程在职学习培训。后来，为满足各学科实际教学需要，华南师范大学还将其拓展为多学段、多学科、多专业课程培训，更是受到澳门教师热烈欢迎。到1995年，参加人数已达到全澳教师数的三分之二，具有专业资格的教师队伍不断扩大。

① 温学权、杨珮欣主编《会史留声：澳门中华教育会口述历史》，澳门理工学院，2015，第221—225页。

第二节　教师专业化发展的动力机制

一、澳门历史上首个教师制度

教师专业标准，不仅是教师专业发展的要求，也是政府对教育质量的保障。当今世界各国都十分重视这项工作。

例如，美国对不同背景的教师有着不同的标准要求。1987 年，美国州际新教师评估与支持联合会（INTASC）制定全美通用的教师入职标准，对新教师入职资格作出规定。同年，美国国家专业教学标准委员会（NBPTS）制定在职教师专业标准。2001 年，美国优质教师证书委员会（ABCTE）制定在职教师（杰出教师）标准，提出更高要求。上述标准从学科知识、教学策略、反思能力、了解学生四个维度，构建当前美国教师教育职前、入职和职后三位一体的质量认证体系。

中国改革开放四十多年，始终把教师队伍建设作为不断推进教育改革、提高教育质量的重要工作，取得显著成效，在教师任职资格、在岗培训、专业成长等方面，有着突出的经验与优势。特别是 2018 年初，《中共中央　国务院关于全面深化新时代教师队伍建设改革的意见》出台，进一步阐明教师专业发展的新形势、新任务、新举措，为内地教育事业腾飞作出重大保障。

这对澳门教师教育的发展，也具有重要指导意义。

2012 年 2 月，澳门特区政府为更好地提高教育教学质量，促进教师专业化发展，建立和完善教师专业标准，保障教师专业地位，颁布了《非高等教育私立学校教学人员制度框架》。

《非高等教育私立学校教学人员制度框架》从法律与制度的层面，

对教师权利与义务、任教与聘任资格、晋升制度、奖惩措施等作出明确具体规定，提升了占澳门教师总数90%以上的私立学校教师的专业素质和职业保障。

《非高等教育私立学校教学人员制度框架》经过多年咨询和讨论，广泛吸纳了社会各界，尤其是教育界的宝贵意见，作出多次修改，并经行政会讨论，立法会通过。它是对澳门《非高等教育制度纲要法》的重要补充，填补了澳门非高等教育历史上教师法规的空白。同时，它标志着澳门私立学校教师制度基本确立，在澳门非高等教育的课程发展过程中，具有历史性意义。

具体地看，它与教师专业化发展相关的内容，主要有：设置教师任职资格，明确教师任职要求，确立教师职业的专业地位；建立教师职程制度，设立职级晋升条件，专业发展与职级晋升挂钩；明确建立教师工作评核制度；减少教师授课时数，使教师可更充分关注学生和参与专业发展，以提升师生教与学的效能；发放专业发展津贴，促进教师专业发展；保障教师获得合理薪酬待遇，建立按职级标准的薪酬级差制度，进一步稳定教师队伍等。

这些明确规定，特别是对提高教师专业化程度的基本要求，无疑是对当年澳葡当局推行《澳门教育制度》时出现的一些问题所作出的相应纠正。它为澳门非高等教育将要实施的课程改革作了积极准备，也为更好地建设高质素教师队伍，提供了坚实基础和良好条件。

同时，我们也应该看到，为了促进教师专业发展和保障教师地位，澳门的一代代教育工作者和教育专业社团，如澳门中华教育会，已付出了长达十多年甚至几十年的努力，现在终见成效。这也充分表明，回归后澳门特区政府对教育发展的重视和对私立学校教师专业地位的认同。

二、建立教师专业准则

澳门特区政府社会文化司批示，确认《教学人员专业准则》，制定教师对自身及其对教育工作的行为规范，以维护专业地位和社会形象。

归纳起来，它特别强调了以下几点：

第一，教师应树立良好的行为榜样，以育人为本、德育为先的理念，培育学生德智体群美五育均衡发展；不断深化研究任教的学习领域或科目，强调按法定教育目标、课程框架及学生必须达到的基本学力要求设计教学计划。

第二，要遵循教学原理，善用教学方法、班级经营技巧、多元评量方式，以提升学生自信心和积极性为依归，促进学生成长，培育终身学习能力与态度。

第三，在师生关系、同事关系、家师关系、社区资源等关系处理上，相互间保持良好沟通，建立友善的伙伴关系，合力营造有利于学生成长的良好环境。

第四，就专业态度和个人发展方面，要求教师除具备相关法规所要求的专业资格和能力外，致力提升教师的专业能力和素养，以及教育专业认受性。

针对教师入职的专业要求与条件，澳门《非高等教育私立学校教学人员制度框架》规定，2012/2013 学年起，对小学、幼稚园教师首先实施准入资格，规定必须持有正规师范教育学士学位或学位后师范课程文凭，方能担任小学、幼稚园教职。中学教师也须持有相应的教师资格。抬高入职的专业门槛，保障师资队伍建设。

目前澳门基本形成职前培训、在职培训、延续培训和专门培训相结合的教师专业发展体系。其中，在职培训采用脱产培训、休教进修、校本培训、骨干教师培训等多种形式，以不断提升教师的专业素养。

三、促进教师发展的动力机制

分级培训，犹如启动了教师专业发展引擎。它以政府培训为主，教育专业社团和学校校本培训为辅，多向兼顾，共同促进，形成良性互动。

例如，澳门特区政府教育暨青年局每年安排新入职的教师培训，培训主题包括澳门法规与教育、国情教育、教师专业发展与义务、澳门课程发展、校本教研制度等，帮助这批刚走上教书育人岗位的新生力量，更好地适应、融入校园教育工作和课程教学改革。

又如，澳门中华教育会协助开展“师友计划”，挑选各校有丰富经验的教师，与新教师“结对”开展活动，加速新教师成长。特别是近年来正在酝酿建立的中华教育会培训中心，将为教师专业化发展，搭建起更好的平台。

各学校也采用多种形式、多种途径，特别是通过科组建设和教研活动，以良好的团队环境与严格制度，促使青年教师在专题培训和校本教研及课堂教学实践中加速成长。例如，有的学校就明确提出教师成长“三步走”策略，实现“一年入门路，三年上轨道，六年成骨干”的培养目标。

骨干教师培训，是进一步提升教师专业素养的重要一环，在课程改革与发展中有着极大的促进作用。自 2004/2005 学年开始，澳门特区政府教育暨青年局专门制订对骨干教师的培训计划，培训大致分为三个阶段，包括理论教授、考察交流、教学实践与经验分享。这为全面实施以《课程框架》及“基本学力要求”为主要内容的课程教学改革，提供了重要保障。同时，培训中涌现出一批优秀师资及其带领下的一大批青年教师共同成长，为后续课程改革与发展工作的顺利推进，创造了良好条件。

特区政府设立“教育发展基金”，让学校依据其特色、宗旨及发展需要，设计适合校本培训的计划。该基金注重推行“校本培训资助计划”“休教进修计划”和“脱产培训计划”，各校可以根据实际需要提出申报。

特区政府高度重视对教师专业培训及其活动时数的审核。《非高等教育私立学校教学人员制度框架》明确规定教师专业发展活动时数是教师晋级的考虑因素。为此，特区政府专门制定了教师专业发展活动时数审核及计算的有关规定。

一是机构开办或组织的教师专业发展活动时数百分比。第一类别为澳门特区政府教育暨青年局开办或澳门特区政府教育暨青年局与其他机构共同开办的教师专业发展活动，占需完成时数的30%—70%；第二类别为任职学校或任职学校与其他机构共同开办及其他机构开办的教师专业发展活动，占需完成时数的剩余百分比。

二是教师专业发展活动的类型。专业发展活动有培训课程、讲座、研讨会、工作坊、学习交流、参观访问等。

三是专业发展活动的具体要求。有助于教师在课程发展、教学实施、专业态度和个人发展等方面得到全面提升，且与学校安排或计划安排的教学职务相关，或与任职资格相关。

四是教师的义务。自2018/2019学年起，教师应按规定完成两类培训活动，并在教师年度评核中合格。

五是教学人员专业委员会的意见。如果教师不同意学校审核及计算的专业发展活动时数结果，可以采用与教师学年度评核一样的做法，通过澳门特区政府教育暨青年局向教学人员专业委员会索取意见或提出申诉，澳门特区政府教育暨青年局须将教学人员专业委员会意见告知教师及学校办学实体。

教师职级设计，由六级至一级，需要二十一年。虽然这在一定程度上可以鼓励教师心系教育，长期服务，但以大学毕业开始入职作一般计算，教师四十五岁左右就能达到目前设计的职级最高级，那么这一层次的教师往往容易出现“到顶”的职业倦怠感，应引起教育行政部门的关注。

如果能在此基础上，尤其是在专业引领上，更突出优秀教师的示范、带动作用，对一批佼佼者予以更高职级，如设置“特级”或“高级”等荣誉职位，将有利于促进澳门非高等教育队伍专业化，从而为加速形成课程发展的领军人物或教学骨干力量，发挥更大作用。

在教师评核方面，我们欣喜地看到澳门近年的发展与改进，建立并实施教师学年度评核制度，具有校本治理的思想。但是，对一名专业教师必须具备的职级要求，仍欠缺明确标准和基本条件的规定，且各校之间的评核要求存在明显差异。另外，当前不少学校不同程度地存在评核流于形式的问题，与先期预设之效能期望有一定落差，甚至带来些许负面影响，需要引起特区政府教育行政部门和学校的重视。

第三节　促进教师专业化主要策略

通过考察政府促进教师专业化发展的策略，我们可以清楚地看到澳门特区政府对教师专业发展的导向与要求。

1. 优化班师比或班师比资助计划

这一计划实施目的，在于鼓励学校适当地多配置一些教师资源，解决长期以来教师因课务繁重，无暇进行教学研究的现状。

回归前，澳门中小学和幼稚园教师，一般每周上课节数多达26—28节，有的甚至在30节以上，很少有时间和精力来钻研教材，进行备课教研。这也导致教师往往长期固定任教一个年级，很少注意上下年级教学的前后联系与发展。而且，通用的“教师用书”格式陈旧不变，凡将教学相关参考内容细碎列明无微不至的，还格外受到欢迎。同时，教师也难以对学生悉心辅导，导致澳门课外“督课补习社”充塞市场。

班师比资助计划，为各校增加教师数，减轻教师课节数负担，提高教育教学质量，发挥了导向、激励作用，提供了条件、资源保障。

幼稚园和小学的班师比分为三级，中学班师比分为四级。每达到一级，就以全校班级数计，每班可获取奖励。如果达至最高等级（幼稚园 1∶1.9；小学 1∶2.2；中学 1∶2.5），奖励更多。所以，学校都乐意根据这一奖励指引扩充配置教师，使教师人均课时节数明显下降，并达到法律规定的教师周课时数：幼稚园为21—23节，小学为18—20节，中学为16—18节。

这一政策制度，有利于提高教师工作质量，促进教师开展课程教学的改革。

2. 采用教学抛节指引

在课程实施的准备上，特区政府不仅仅以“班师比”奖励学校尽可能多地投入教师资源，还以“教学抛节”作为要求，指引学校在特区政府认可的范围内，为部分教师进一步减少周课时节数。

澳门特区政府教育暨青年局发布学校教学人员抛节指引，明确针对三类对象：一是教学第一线的班主任及年级组长、学科组长；二是严格按学校规模控制的行政人员；三是教学研究小组成员，指学年初明确承担一定教学研究任务的教师。

学校教学人员抛节指引，特别是第三类人员的教学抛节，既为教师开展专业性活动提供很大便利，也有利于学校发挥教学研究领头雁作用，提高教研工作质量。

3. 配备专职人员

澳门特区政府教育暨青年局根据学校规模大小，为学校配备五个岗位的专职人员。

这是一个体现“专业人员做专业工作”的很好举措。配备的五个岗位，分别是阅读推广、资讯科技、实验管理、健康促进和余暇活动，协助教师开展相关工作。

学校根据规模大小的标准和实际工作的需要情况，招聘相关人员，并通过“教育发展基金”提出申请，获得特区政府的固定资助。

它较好地拓展了学校的人力资源，专职专用，有利于使教师从其他琐碎事务工作中解放出来，把主要时间、有限精力投放于教育教学。

4. 教师专业发展津贴制度

特区政府向全体符合教师任职资格的教师，发放专业发展津贴（直接津贴），直接由银行转账至教师个人账户。

专业发展津贴，根据教师职级，对应分为六级，规定一级教师是六级教师的 1.8 倍。这一津贴制度，更好地引导并激励教师得到专业发展。

值得注意的是，专业发展津贴如何使用以及使用价值，目前还缺少相应的评估机制，并且对各级职级，特别是高职级教师，还缺少统一的指引性发展要求，普遍存在变相成为教师薪酬收入的情况。

如果能以高津贴推动高职级教师在课程发展中积极发挥相应作用，那直接津贴才物有所值，也能更好地促进教师持续的专业化发展。

第四节　教师专业化发展对课程的影响

一、专业化发展的内容

早前，特区政府曾委托北京师范大学进行澳门教学人员专业发展状况研究。研究认为，教师专业发展作为教师规划自身专业发展的路径，内容上有不同重点。教师应选取适合自己需求的相关内容，形成适应性培训规划，以促进主动学习、主动发展。

概括澳门的教师专业化发展，主要是从以下四个方面来搭建教师专业发展的理念架构。

1. 教学知能与素养

在课程与评价上，教师除执行教育伦理道德及责任行为价值、熟知学科内容和有效方式外，应该理解学科课程结构概念，认识学科基本学力，进行课程设计、实施和评价，包括掌握量化评价与质性描述。在教学策略上，教师能有效地安排教学活动，针对学情选择有效的教学方法，达到教学目标，并通过学科教研，制订研究计划，反复实验与修正，获得成果与反思，改善教学工作。

2. 学生成长与辅导

学生成长与辅导，也是教师专业发展的重要内容，可从教育发展心理、师生关系、品德教育、辅导训育等要素着手。教师要熟知学生心理与生理的发展规律及特征，运用心理辅导及教育智慧，针对性施教，帮助学生提升个人修养，培养学生的人际关系与公共社会道德价值观。同时，教师要学会“经营班级”，创设适宜的学习情境，使学生充分发挥潜力与特质。

3. 教育行政与管理

教师应了解特区政府为当前学校教育所拟定的方针、政策及规划，并能充分掌握、执行与反思。这显然有助于教师在统一的教育政策、制度框架下，提高教书育人的本领。

4. 社会与个人发展

教师还要正确处理好与学校同事、家长社区、专业团体以及与教育相关的其他专业人员的关系，建立有利于教育的资源网络，创造更适合学生学习成长的良好环境。

教师专业发展的理念架构具有时代的前瞻性，它从澳门教师专业化发展的现状出发，较好地归纳、提炼出教师应具有的专业特质，并且有较强的针对性和指导性。

二、专业化发展的标杆

专业的根本特征是不可替代性。这其中必然存在独立准则与特别要求。教师专业准则，既是教师作为专业人员所必须具备的规范性要求，也应该成为每一位教育工作者的文化自觉。尤其是在“一国两制”下的澳门，教师要避免并消除“打工仔”心态，自觉树立“教育理想”，讲求“教育良心”。“没有爱就没有教育”，这是世人所尊崇的一条教育铁律。

教师专业发展的关键，在于操守、责任和水平。

例如，建立“卓越表现教师”荣誉评选和嘉许机制。根据《非高等教育私立学校教学人员制度框架》的规定，2015 年起，由教学人员专业委员会负责评审在上一学年工作表现优异并在教学和专业操守方面表现突出的教师，由特区政府颁授“卓越表现教师”荣誉，表彰他们在教育教学工作上的卓越表现。在隆重的颁授典礼中，播放教师获奖感言，获奖教师现场分享他们的成长心路等。这些老师成为教师共同的学习楷模。“卓越表现教师”评选为教师专业发展提供有力支持，在教师群体中起到了一个极好的导向、激励作用。

又如，澳门特区政府教育暨青年局每年组织、实施“教学设计奖励计划”，成为一项提升教师专业素质、课程与教材开发与教学研究能力的有效活动。据澳门特区政府教育暨青年局提供的一项数据，以课程改革启动初期 2016/2017 学年为例，有 47 所学校 699 名教师提交了 392 份作品，其中获奖作品 373 份，获奖教师 565 名，5 所学校获得“学校积极参与奖”，10 名教师获得“教师积极参与奖”。① “教学设计奖励计划”鼓励教师根据教学需要开展教学设计，更好地促进了教师自主专业发展。

三、《澳门教师公约》

根据特区政府的指引要求，各教育专业界别及团体也纷纷制定相关专业要求。澳门中华教育会专门成立工作小组，经过调研和咨询，在 2012 年出台《澳门教师公约》，并以此作为所属团体会员学校共

① 澳门特区政府教育暨青年局：《2017 教育暨青年局年刊》，2018。

同的规范要求。《澳门教师公约》把教师专业发展作为师德的重要组成部分，对教师提出专业的要求。

没有专业的要求，《澳门教师公约》就流于一般的社会道德要求。有专业的要求，才符合教师这一特别职业。尤其是在澳门回归祖国后，教育承载的事业和使命，教师专业发展的思想境界，与“一国两制”伟大事业行稳致远息息相关，必须得到应有的巩固与提升。

《澳门教师公约》较充分地反映了澳门教育工作者的共同心声，对澳门教师自觉做好爱国爱澳思想的领路人、建澳治澳人才的培育者、融入国家发展的推动者有很大的促进作用。

四、学校层面教师专业要求

落实教师专业要求，主要还是在学校层面进行。

观察澳门各学校，普遍将教师专业水平的提升作为关乎学校发展的一项重要任务，寻求建立学校培养路径。不同的学校有各自不同的做法。

例如，教业中学组织“青年教师读书会”，每两年举行一期，促进青年教师又快又好地成长为骨干。学校“青年教师读书会”指定必读专业书籍五本，自选书籍五本，引导每一位参加的教师通过这个平台阅读书籍，并在阅读后进行分享交流；外出研学三次，其中去到一处红色景点实地教学，走进一所姊妹学校随堂观课研讨；还要练习书法、命题、教学设计、资讯科技等专业基本功。

八年四期坚持下来，一大批青年教师已走上学校及学部的各级各类教育教学管理岗位，发挥着示范、引领的带头人作用。其中，五名教师荣获特区政府颁授的“卓越表现教师”荣誉称号，一名高中数学教师成为澳门特区首批入选教育部名师领航班的学员，并已顺利结业。

本章小结

建设一支优秀的教师队伍，是澳门实施课程改革、迈向优质教育的重要前提，也是特区政府不遗余力持续推动的工作重点。

澳门教师专业化发展，走过了一条不平坦的道路，但也取得了丰硕的成果。根据澳门特区政府教育暨青年局统计数据，2017/2018 学年，具有师范资格或经师范培训的教师占教师总数的比例，幼稚园达 99.5%，小学达 98.5%，中学达 91%。①

教师，不光是一个谋生职业，更是具有教育使命的专业。教师需要通过专业的知识和方法，去教导学生学会做人、做事、做学问，这已经成为社会共识。

在澳门复杂的社会环境下，教师更应遵守教育专业界别共同承认的行为规范和道德准则，遵守并支持学校推行的教育政策和执行的相关教育法规，持续检视、调整自身的生涯规划，自觉回应社会对教育发展的期望，并为之不懈地贡献自己的智慧和力量。

如果说《非高等教育私立学校教学人员制度框架》主要是在制度上保障教师职业合法权益，那么《教学人员专业准则》就是对教师的专业要求，两者相辅相成。

这些制度的制定，对澳门社会加深认识教师工作的重要性和专业性，起到了积极作用，同时为鼓励教师在课程改革与发展中，不断提升自我，实现人生价值，创造了良好的条件。

---

① 澳门特区政府教育暨青年局：《2017 教育暨青年局年刊》，2018。

在课程高水平改革和教育高质量发展的过程中，教师专业化所发挥的作用，将会越来越重要。探索、建立教师专业化发展的运行机制，将是澳门非高等教育的一项长期任务。

第八章　课程应聚焦课堂教学

课程只有进入教学状态，才能显示其意义。

随着课程目标、课程结构、课程内容的建立和教师专业化发展，教学范式正由过去以教师为中心、以教材为中心、以考试为中心，转变成以学生发展为中心，以提升学生核心素养为指向。新的范式强调学习经验，强调主动探究，特别重视培养学生建构性学习的能力。

怎样教？怎样学？成为大家普遍关注的问题。

聚焦学生，聚焦课堂，聚焦教学，这是课程的落脚点。它既反映出教师的现代课程观是否真正确立，也表现为如何逐步培养学生的基本学习力，更是怎么样培养人的真实写照。师生所表现出来的教学活动方式，是课程教学中不可不关注的一个重点。

课堂教学必然成为澳门非高等教育课程改革与发展的决胜“现场”。

第一节　课程的教学要求

一、课程理念对教与学关系的定位

现代课程教学论认为，教学应该以人为本，以促进、培育学生核心素养为目的。教与学两者互相联系，相辅相成。

教是学的前提，教师的教是学生主体作用于学习内容材料的中介。学生主体作用发挥得怎么样，取决于教师怎样教，这是教师主导作用发挥的一个鲜明标志。教师只有转变教学观念，克服传统教与学关系的主观性、片面性，不再把学生当成知识容器，不再越俎代庖、以教代学，才能扭转学生习惯于被动接受灌输而不善探究学习、建构知识的局面，从而营造“主动学习、主动发展”的教学环境。

在以学生发展为中心的课程教学中，教师角色面临着根本性的改变。学生需要学什么、怎样学，成为教师第一考虑的要素。长期以来“以教定学”的教学，翻转为“以学定教”的学与教。教师不再是知识的传授者，而是学生探求知识的引领者。这是课程教学方式的根本转变，如同转换了一条新的跑道。

随着网络时代技术革命浪潮的到来，澳门与当今世界同步，迫切要求未来人才具备网络环境下主动、整合、创新的学习力，这也完全符合澳门经济适度多元发展过程中对人才的需求。

从这个角度分析，教与学关系，将直接影响课程教学，与课程本质有着密切联系。

二、学习活动规律对教学方式的影响

现代科学研究认为，任何复杂的学习过程，都包含了五个基本要

素，即教学者、学习对象、学习媒介、信息传导和行为反应。这五大要素相互依存、相互制约而形成必然的联系，体现了学习活动规律。

学习活动规律表现在学科课程学习中，关键在于教学方式选择，要符合各学科的目标，反映各学科内容的特点。过去，教师教什么、怎么教，学生就学什么、怎么学。网络时代下，基本教学模式迎来变革，“教”应建立在“学”的基础上，注重“学”的效果，引导学生自主、自觉学习。

澳门各学科“基本学力要求”，是指在一定时间范围内学生学习该学科应该达到的基本规格，包括知识、能力、情意等发展指标。例如，初中阶段“中国语文”学科的“基本学力要求”之一，是指导学生正确理解和运用祖国的语言文字，使学生具备基本的听说、阅读、写作的能力。那么，语文教学要实现这一目标，就应遵循语文学科及其教学的特点，采用相应的学习活动方式，对学生进行有效的训练，突出语感，体现语用，使学生自觉接受中国文化熏陶。

三、整体性教学中实现知识的联系与建构

整体性思维是人们思考的基本方法。整体性教学也是学习活动的基本方式。

以“中国语文”学科为例，语文学习活动是由言语活动和认知活动有机构成的一个整体，包含阅读、写作、观察、思考、鉴赏、评析等各种要素。所以，语文教学中，无论是文本解读，还是作文表达，都不是孤立存在的，它体现为对各种语文要素的综合运用。如果把语言文字肢解成零散的、片段的，会失去语文的意蕴和灵性。因此“逢字解字、就句析句”的传统语文教学套路，必定影响学生语文学习能力的发展。

语文教学过程的“整体—部分—整体”的三段论，是从整体感知内容，到部分之间构架关系，再回归整体加深认识的一种教学方式。三段论体现对教材进行系统整合，采取举一反三、单元教学、群文阅读等模式，处理好“见树木不见森林”与“见森林不见树木”的关系，寻求最佳切入点，建立知识、能力、情意等之间的横向联系，促进学生语言与思维同步发展。

如果学习的责任从教师身上转移到学生的身上，就会出现很多奇迹。近年来，澳门中小学语文教师也在尝试进行从“整篇课文阅读”到“大单元课文阅读”，再到“整本书阅读”的教学研究与实践。实践证明，在整体性教学的课堂，只有改变教师的“教”，学生才会有更好的“学”，才能在教与学的过程中，释放出强大能量。

四、教材结构变化促进教学结构的创新

一套好的教材，除科学编排以利教学外，更重要的是要对教学具备引领作用。教师手捧教材，应知道教什么、怎么教，以及培养学生具有怎样的能力和素养。

受到当今教学研究新成果的影响，澳门教材发生了很大的变化。新颖的教材结构将对课堂教学产生新的影响，促进教学结构发生变化。

例如，《中国语文》（小学版）教材，以解决中文母语学习问题为导向，旨在提高学生运用中文的能力与水平，使学生逐步认识中华优秀传统文化，十分强烈地体现了“大语文”的课程发展方向。教材编写体例采用模块组合方式，甚至以主题搭建小学跨学科的学习。这有助于澳门小学生更好地学好中国语文，尊重语言的语用功能，领会语感在语文学习中的作用。

如果说“大语文”向学生推开了走向语文学习的一扇大门，那么教学中已不可能再依照以往按部就班的教法。这时采用主题教学，就能更好地与教材结构相呼应，也体现语文教学规律。对内容，入得进去，直奔中心，同时跳得出来，滚动展开，实现知识的横向建构。

主题设计，是由大语文观衍生的大教学观。它既可以组织专题开展教学，也可以超越本学科，根据学生认知能力和知识逻辑，不断挖掘和整合课程资源，以学生身边的事物与生活经验组织设计主题单元，进行探究学习。

第二节　教学的课堂指向

一、创设情境场域，丰富课堂学习生活

学生习得知识，往往是通过情境来实现的。

创设生活化的问题学习情境，是学生将知识转化为基本学力的重要途径。

中小学“中国语文”学科的“基本学力要求”，可用“能读会写，多情善思”作为关键词，概括语文核心素养。它不是单一的知识记忆与内容理解，而是知识、能力、情感、态度、价值观的整合与超越。它往往与学生本人的生活实际以及原有的知识经验紧密联系在一起，所以需要通过情境创设，进行阅读、感悟与表达。

澳门的课程改革与发展，特别要探寻“中国语文”“中国历史”等学科教学的新路径，建立符合澳门自己的中文教育、历史教育的新标准、新要求、新策略；要尽可能地贴近澳门学生的生活与澳门社

会，增强中国基因与特区元素，使学生体悟中华民族优秀的语言文化，感受中华民族迈向伟大复兴的辉煌历程；要营造情境课堂，使学生的课堂生活更加丰富、生动，实现课程建设提出的学科教学目标。我们再也不能重走把知识符号化，让学生记住、背熟、复述去对付考试的老路了。

二、调整教学策略，开展以问题为导向的探究性学习

针对传统教学“满堂灌”“填鸭式”“串讲式”“问答式”“碎片化”“断点化”的现象，必须对教学设计进行反思和改进。

课堂要想呈现出新的样态，需要有新的结构、新的方式、新的手段。为达成目标，必须改变教学策略，以探究学习的方式，启动、组织、推进课堂教学。

学习都是从问题开始的，通过解决问题不断深化学习，并在探究中发现新问题。真正实现教与学方式的改变，要通过问题来学习，产生问题链。主问题的设计，就是从讲授式课堂走向以学习者为中心的课堂的桥梁。

例如，语感是对语言有敏锐感觉和准确感悟。在培养学生对语言文字的感受与领悟能力时，也可以通过问题把听、说、读、写、思等要素紧密联系起来。针对设计的问题，采用咬文嚼字式讨论，以探究重点语段，进入语境，品味揣摩，再切己体察，解决问题，进行诵读。这样的问题教学策略，显然好过一味讲解。

三、转换课堂重心，运用元认知策略掌握学习本领

元认知是对认知的认知，即思维的思维。

它是学生在学习过程中培养形成的一种学习能力。

元认知能力，是一个人成长的关键要素。学生通过对自身认知过程的知悉，获得经验和方法，从而主动地使用这些经验和方法，去理解新的知识、解决新的问题，逐步具备终身学习能力。课堂的重心，应该落到学生"会学"上，而元认知策略的运用，对学生掌握学习本领，显然大有裨益。

元认知策略的运用，对提升学生的思维品质产生直接影响。例如，反思就是元认知能力作用的结果。在创新思维发展中，元认知能力具有决定性意义。

元认知策略的运用能力，是可以训练而成的。

例如，澳门一些学校正在开展的"群文阅读"，就是在"中国语文"学科教学中培养学生元认知策略运用能力的有益探索。对"理解与记忆信息的策略""概括信息的策略"和"迁移性应用的策略"等进行归类、运用，从了解任务开始，到搜集材料，再到运用策略，教会学生善于把握特点，进行自我调节，让学生在一次次学习经历中，累积起需要的经验，再以经验对待新的认知。

四、改变教学手段，以资讯科技支持多向教学

目前，人类知识传播经历了四个主要阶段：从通过人与人直接传递的表演阶段，到依靠语言文字间接传递的表述阶段，再到运用声音、图像记录的影像阶段，直到现在人人平等互动的互联网阶段。

在每个不同阶段，知识传播的手段大不相同，人类的教学活动也应采取不同的方式。

如果说，在表演阶段完全是通过口耳相传，那么在表述阶段和影像阶段，则是依靠印刷术和影像技术来传递信息，使教与学产生了分离的可能性。那时，课堂不再是学生获取知识的唯一渠道。

到了互联网阶段，出现了移动互联网、大数据、云计算、人工智能等。基于现代科学新技术的出现与应用，课程教学的理念、方式、形态等，也必然随之发生深刻变化。

第三节　呈现教学新样态

课程体现教学，教学落实课堂，课堂反映变化，变化产生成效，这才符合澳门非高等教育课程改革与发展的主旨。

教学新样态，是师生在教与学的过程中，由于教学理念、教学方式、教学策略等发生新变化后，呈现出来的一种新的教学形态，也显示出学校一定的教学特色、课堂风格和实际成效。

随着澳门非高等教育课程教学改革的持续推进，许多学校锐意进取，积极探索，总结形成了很多课程教学新结构、新方法、新特点，课堂教学呈现出多姿多彩的新样态。例如，濠江中学的“教学综合改革”、东南学校的“中英双语、智力三促进”、培华中学的“生本课堂”、粤华中学的“微电影课程教学”、圣约瑟五校的“创思教学”等，都反映出课程教学改革带来的可喜的新面貌。

下面试以教业中学附属小学为例，对该校近年来课程教学改革实践作重点剖析，以深入考察课程教学出现的新变化、新成果。

一、课程统整，尝试跨学科学习

澳门《课程框架》指出，要以学生为本位，改变学科本位的课程结构。

那么，围绕“基本学力要求”和学科“课程指引”，如何从课程统整着手培养学生的学习能力与素养呢？

每一门学科，都有自己的领域，但不能因过分强调独立而排斥其他学科。教师应该从完全独立的分科中走出来。学科知识不是终极目标，重要的是让学生学会自己整合和联系已知和未知。

教师可以根据学科知识和跨学科主题的相关性，重组内容，调整教与学的顺序和方式，并探索在生活情境中将它们连接起来的可能性。这样，课程统整便应运而生。

课程统整后所出现的跨学科教学现象，是一种课程组织模式。它超越单一的学科界限，与真实世界相关联，帮助学生更好学习，确保教学目标达成。

传统的课程教学分科很细，学科知识体系很健全，知识点内容很深，但学科与学科之间相对分割。这好比“打井”，我们打了好多口井，每一口井都打得很深，可我们看到的还是一口口井。假如把井与井打通，即使没那么深，但形成的是一片湖泊。我们希望看到的是一口口井，还是一片湖泊呢？

当课堂与现实世界息息相关时，学生才会学习得更好。比如，小学低年级孩子在学习“购物”这一生活场景时，从自制购物清单、计划出行线路、物品归类选购，直到付款结算回家，学生从中学到了涵盖语言、数学、科学、社会等不同学科的内容，超越了对原有单一学科的认知，破除学科之间的壁垒，更加符合儿童的学习特征。

在学生理解把握世界的过程中，跨学科教学具有单一学科教学无法比拟的优势。

教业中学附属小学的教师们，大胆探索，积极进取，积累起许多有益经验，在各级各类教研活动中进行了分享。

2017年4月，曾珍如老师赴成都参加全国语文教学研讨会。她将自己进行跨学科教学的心得与大家交流，并执教小学二年级观摩课“标志与符号”。

教师先安排不同类型的“标志与符号”认知活动，再引导学生创意想象，设计属于自己的专属符号。课堂上，几乎涵盖了六大学科领域的知识，如音乐符号、交通符号、图释、星座符号、数字符号、象形字等；教师再把相关表意、存在功能和社会作用加以表达说明，使教学综合呈现为师生之间、生生之间互动互创、共同学习的过程。教师引导探究的方法和学生思考的多种角度，产生建构意义，通过统整发挥功效。

这节课，在跨学科主题“我们如何表达自己”下，呈现以“标志与符号”为中心思想的教学新样态，引起与会代表强烈共鸣，大家纷纷赞叹。

在这种课程统整观念影响下，即使是独立分科，由于多以项目任务建立跨学科联系，也会走出狭隘的单一性。

例如，段清老师执教一年级语文课《莲花》，确定教学目标为：用多感官观察法进一步理解课文；复习比喻句，“……像……”；拓展阅读《树叶》。同时，对应的“基本学力要求”为D-1-9、D-1-10、D-1-11、D-1-12、D-1-17、E-1-3。再选择绘本《再见莲花塘》及整理相关资源作为教学辅助。在教学过程中，以比较集中的项目任务，组织安排学生学习：先结合描写莲花的诗句，介绍莲花的多个名称以及莲子、莲藕、莲叶的功用；接着学习运用莲叶、莲花像什么的比喻句；再品尝莲子味道，描述对莲子的感觉；最后动手试试将莲子放在水中，观察其是否会发芽。

在这样一堂语文课中，教师以语言训练为主线，不局限于传统的语文学科，而是让学生带着具体的学习项目任务，综合运用科学、社会等学科的相关资源及知识，从文本阅读中尝试探究，通过综合体验，确保达到该年级语文学科的“基本学力要求”。

二、调整结构，以主题引领学习

根据儿童认知规律，在幼稚园、小学阶段，突破学科局限，可以极大地促进学生学习能力的发展。学科与学科的连接问题，需要通过搭建主题来解决。围绕主题来统整学科内容，使学科与学科的基本学力要求在应用中得到有机耦合。

主题设计与安排，超越了学科局限，集中表现为以问题为导向、以概念为驱动、以探究为主要方式的教学样态。主题承载着澳门课程“关键能力”“核心品格”，即这些品格与能力，可通过主题得到呈现。

教业中学附属小学根据澳门《课程框架》及“基本学力要求”，充分整合课堂教学内容，在小学教育阶段按照“六大探究主题”组合排列，包括“我们是谁、我们身处什么时空、我们如何表达自己、世界如何运作、我们如何组织自己、共享地球”，蕴含人类命运共同体的理念，显示人与社会、自然的关联性与复杂性，促进学生与现实问题对话。六大主题落实到课程中，形成主题探究单元，构建完整的主题分布。

遵循小学生认知心理发展规律和“基本学力要求”，把六大主题进行层层划分，有序地编排到每个年级，构成各种具有趣味性、重要性、相关性和挑战性的中心思想；经过对中心思想的推敲和理解，生成符合各年级特点的探究标题群。标题之间、年段之间，纵横相交，深浅有序，形成连贯、系统的主题探究学习计划。具体内容参见表 8-1。

表 8-1　2019/2020 学年小学跨学科主题探究学习计划

年级	学习主题					
	我们是谁	我们身处什么时空	我们如何表达自己	世界如何运作	我们如何组织自己	共享地球
一年级	家庭	住宅	节日	光与声	交通工具	植物
二年级	社交	国家与本地	符号	空气	运输系统	动物
三年级	健康	迁徙	标志	科技	职业	水
四年级	挑战	位置	诗文	发明	生产者与消费者	选择
五年级	社会	文化	传媒	能量	经济和自然环境	冲突
六年级	信仰	文明	艺术魅力	太空	制度	保护

横向排列的六大主题，是每个学年的学习主题，需要师生以某一个具体标题为中心，展开对中心思想的探究。

纵向安排的主题要素，是每个学年需要探究的具体标题及内容。它们不尽相同，却彼此相连。各个年级的课程由六大主题探究单元组成，从广度上扩展，在深度上递进，按不同年级分步骤完成对主题的多方面探究。

例如，在四年级“我们身处什么时空”的主题教学中，以主题的其中一个描述“从本地和全球的视角考察个人与文明之间的联系”为切入点，从澳门所处位置和发展历史，以及澳门与祖国千丝万缕的不可分割的联系出发，确定中心思想，建立起“澳门与祖国”或者“特区与国家”的认知；然后，以形式、变化、联系三个重要概念驱动，结合地理、历史、身份认同之类相关概念，确定“了解祖国概况”“探知祖国过去和现在”“探究澳门和祖国的关系”三大探究线索，界定探究范围，搭建主题探究单元的框架；进而在主题探究中落实《课程框架》及“基本学力要求”，充分体现澳门课程发展的教育原则。具体内容参见表 8–2。

表 8–2 探究主题与“基本学力要求”对照

主题：澳门和祖国的关系	基本学力要求
公民 1. 认识和了解中华人民共和国国旗、国徽 2. 认识和了解澳门的区旗、区徽 3. 认识中国的世界之最	品德与公民 E–1–11 认识并爱护澳门特别行政区的区旗、区徽，理解其基本含义 E–1–1 认识国旗、国徽，理解其基本含义，会唱国歌 E–1–2 知道澳门是中华人民共和国的特别行政区 E–1–3 知道中国的重要城市和地方
语文 二年级单元三“亲亲我的祖国”（课文《我看中国地图》《我们都是一家人》《升旗礼》等）	语文 F–1–2 在中文学习中关注本学科与其他学科的联系，以求开拓视野，相互促进
音乐 学唱《义勇军进行曲》 学唱《七子之歌》	音乐 IIB–1–1 能以正确的技巧、良好姿势和认真态度歌唱，并乐于演唱本地与不同国家、民族的童谣

三、改变方法，以探究为重要的学习方式

探究性学习，是学生学习的重要方式。它往往通过目标确立、过程展开，以运用知识、培养能力。探究性学习的过程，一般分为五个步骤，即“切入主题—收集材料—分析讨论—深入探究—积极反思”，形成探究循环。

在“中国语文”单篇课文教学中，一线教师运用“探究循环五步法”指导学生进行探究性学习。这里以蔡蓉蓉老师执教的小学五年级语文《看云识天气》为例。

在课前预习阅读《动物气象员》基础上导入主题：还有哪些事物可以预知天气变化？接着，让学生收集关于天气变化的谚语或图片等学习材料，可以是云的预测、风的预测、动物的预测或是其他预测天气的材料。再以课文为基础，以小组分工合作的方式进行分析，让学生运用思维导图画出文章结构，理清两条行文线索。然后顺着线索，展开深入探究：一是从云的形态、种类和云与天气关系；二是从晴天的云、将要下雨的云两种状态。在文本阅读的同时，也让学生运用元认知策略进行反思。除了云，还有哪些事物也可预知天气变化？将搜集到的资料剪贴在思维导图上，讨论科技预测与自然界事物预知的联系。最后让学生分组汇报学习成果。

这是一篇说理性说明文，文字内容比较复杂，文章隐含的线索也较多。以往的教学，常常是教师通过自己的教学思路带领学生一段一段地分析课文，将教师的阅读经验强加给学生，学生得益甚少。蔡老师根据五年级学生已经具备一定学习能力的情况，运用“探究循环五步法”，让学生“自己经历阅读实践的过程”，收到良好的教学效果。

在多学科共同建构的单元主题探究中，教师要把具体学科知识、概念性理解和技能的学习，整合为探究学习，帮助学生提升综合能力，培养探究精神。童振宇老师的六年级“我们是谁——信仰”教学设计，较完整地体现了“探究单元”的本质特性，较充分地展示了跨学科整合的学习意义、过程与方式。具体内容参见表 8-3。

表 8-3 探究单元“我们是谁——信仰”教学设计（部分）

	学科				
	中文	数学	公民与道德	形体	视艺
教学单元	单元一“青春路上行”	设计调查表，了解各家庭信仰，了解澳门是个多信仰并存的城市	单元四“宗教信仰与习俗”	舞蹈鉴赏：胜利与和平——纪念抗战胜利70周年晚会；联系所见所闻发表观点，了解信仰含义	1. 了解不同信仰的建筑特色 2. 运用已学的信仰知识，拼贴出艺术作品 3. 作品分享
学力要求	B-2-10 经思考才发表意见，并说出理由 D-2-7 联系生活说出独立思想形成意义 D-2-8 掌握内容，体会感情，领悟思考多角度	D-2-2 能整理资料，并制作简单统计表 D-2-4 认识及制作复合棒形统计图、复合折线统计图 D-2-7 能对统计结果作出分析、预测及进行讨论	F-2-3 能尊重其他国家或民族的信仰和生活方式 F-2-2 能理解不同时代及地区的人有不同生活方式、风俗习惯和价值观 F-2-4 能尊重不同文化及风俗	IIA-1-1 能够正确欣赏舞蹈艺术作品，体会作品主题，领悟人和信仰的关系	IA-2-4 发现日常视觉文化 IB-2-3 多数据搜集方法，丰富创作内容与文化内涵 IC-2-4 尊重和欣赏同伴的创作表现与评论观点
培养目标	十大培养目标之：积极探究、心胸开阔、勤于思考				
	培养技能：思考技能、研究技能、社交技能				
教学目标	巩固小组合作技能，着重思维方式引导 用问题、回答（Q&A）方式引导深入探究 培养严谨的学习态度				

总之，无论是单一学科的探究学习，还是学科整合的单元主题探究，都需要教师引导学生，帮助他们体会、探索和理解周围的世界。传统的教学，依靠大量的重复性练习和记忆，既不符合《课程框架》思想及“基本学力要求”，也与“关键能力”“核心品格”大相径庭。这就格外需要教师具有培养学生探究学习能力的意识和勇于探索课程教学改革的新思路。

第四节　开放的学习者社区

不论是改变教与学的方式，呈现课堂新样态，还是培养创新性人才，都需要在富有活力的学习环境下完成。构建具有能动性的学习者社区，通过各种方法与策略，促使学生有目的、有意义地探究、行动和反思，让学生成为学习主人。

传统的课程教学，总是发生在课堂，由教师向学生传授知识。在以项目式学习的方法创新课堂教学样态中，教与学不再局限于教室，也不再是师生之间围绕知识点展开的单向传输；课堂的外延得到充分拓展，朝着多层次、多维度、多时空的方向发展，构成以学生发展为中心的学习者社区。

澳门《课程框架》的开放性，决定着课程教学的开放性。而以任务驱动的项目式学习，构筑学习者社区，则更具有典型意义。

一、学习空间由小到大

探究性学习的问题，是与学习者社区内外所有人都相关的共性问题，因此社区内外众多成员都在探究过程中发挥着重要作用。

探究性学习大部分会在课堂上发生，但也会随着年段和学力的增长，走出课堂，走向社会，走向在线。但不论学习空间如何变化，学习过程都需要得到学习群体的共同理解与支持。何况，学习特别是探究性学习，其本质是开放的，充满无限可能，完全可基于师生思考，发生丰富多彩、迥然不同的学习行为。

学习者社区应该是一种社会的资源，包括所有参与学生学习生活的人群，即学生和他们的家庭、学校全体教师及员工、其他对学生学习生活起到重要作用的人等，并将社会视为最广阔的学习环境。与之相应的教学设计可参见表 8-4。

表 8-4 项目式学习的学习者社区课程教学设计

空间范围	教与学主题：我们身处什么时空 项目任务：住宅反映当地的文化和环境 学习发生：开展探究，讨论，结论
澳门	一、二年级：参观澳门历史文化遗产龙环葡韵住宅式博物馆； 考察葡萄牙风格建筑群
大湾区	三、四年级：参观广东海上丝绸之路博物馆； 访问孙中山故居纪念馆
内地	五、六年级：赴广州考察岭南民居及风情，并与其他地区比较 六年级同学代表：赴北京参加京港澳学习交流活动
世界	善用数字化技术作为教学支持； 通过互联网搜集资料，掌握世界的最新信息

二、探究学习由浅入深

学习者社区为学生在开展跨学科、主题式、探究性等学习方面，提供了各种真实情境。通过探究性学习过程，学生从最初的好奇，到尝试，到慢慢走向新的、更深入的理解。

学生在观察周围世界的过程中形成思考，在思考中学会深究，在深究中学会解答，从而更加激发他们对美好事物、和平世界、人类品质的热爱，甚至可能澄清某些思想观点并重新审视、评价人和事，还可通过提供材料论据来证明或捍卫自己的立场，坚守真理，拥抱阳光。

三、成长变化由内向外

学习者社区支持能动性，为学生提供机会，以发展能力和素养，如批判性思维、毅力、独立和自信。学生会自发地表达兴趣或疑虑，作出选择，并且知道自己的学习目标。在学校或者在社区，学生对自己的学习负责，并与教师及同学协作，一起计划，并在讨论后采取行动。在做决定的时候，会坦诚对话，相互尊重。

四、能力发展由弱变强

学习者社区的重要作用，还表现为学生的能力得到训练和提高。

例如，思考技能中有创新性的地方，产生新想法、新观点；有反思性思考，分析评价各种问题和想法并形成决定；有元认知能力，运用各种思考本领监控调节自己学习的过程，如今天我学到什么、学会了吗、下一步还要做什么等，明智而理性，有较强自控力。

又如，研究能力中的信息素养，包括制定和规划、数据和记录、综合与解读、评价和交流，还包括与人交换信息的倾听、解读、辩论，以及与媒体的互动。

再如，社交能力，包括人际关系、社交情商、与人协作；自我管理能力，能有效管理时间，懂得管理心态，如注意力、毅力、适应力等。

未来将属于具有学习能动性的人，而学习者社区的建构，对于提升学生内在驱动力具有重要的意义。

"主题式、跨学科、探究性、多维度"的学习方式，是对传统的教与学的极大的改变，体现出从"教教材"逐步转型为"用教材教"的教学新样态。

本章小结

澳门非高等教育课程教学，一直以来受困于缺乏统一的、明确的课程教学目标，致使学校教师在日常教学中存在较大的随意性。

随着《课程框架》的课程目标、课程结构和“基本学力要求”的明确建立，改变澳门课程教学的现状势在必行。澳门非高等教育课程教学改革必然会引发教师更新教育观念，调整教学策略，从而转变教与学方式，使课堂内外呈现出新的气象。

课程改变教学，教学改变学生。师生教与学方式的改变，会对教学内容提出更高的要求，也会越来越表现出教育的个性化定制，体现高效优质的学习革命。

课堂教学再也不是传统课程的学科知识的建构，而是一种符合人才成长规律与教育发展趋势的新结构、新模式、新手段。课堂教学呈现全新的面貌。在教学过程中，教师以跨学科学习为中心，组织学生跨越和超越传统学科界限来体验学习，同时师生深入开展真实的探究性学习，激发学生学习能动性，对培养学生未来工作所需要的适应能力、自我导向能力、持续学习能力都非常重要。

面对互联网改变教育的发展趋势，我们应该打破“教师—教材—学生”的组合关系，甚至打破教育时间、空间的局限，真正实现以学生为中心的课程与教学，通过线上线下的“混合教学”，引导并帮助学生获取知识、建构能力。

2020 年伊始，新冠肺炎疫情突如其来，在“停课不停学”的号召下，空中课堂、在线教学、网络课程等迎来了考验。这恰恰反映出教育及课程教学面临的挑战！

如何处理资讯科技与课程改革发展的关系？

我们应该有效运用多媒体新技术改造传统教学，更好地应对像疫情这样的突发性事件，以及未来世界可能发生的变化。让学生真正具备自主学习、管理时间、规划生涯的觉悟与能力，并使之形成常态。

现在的课堂，是把学习基础、学习兴趣、学习习惯不同的学生，按照年龄编成一个个年级，近乎强制性地安排在同一个教室进行统一进度、统一内容、统一标准的学习。能否借助网络，通过团队来学习，在家里学习，在图书馆学习，在小区学习？学生完全可以围绕一个共同主题，展开自己的学习，解决学习过程中遇到的问题，建立基于个人兴趣与问题解决的自主学习模式。学到了什么，与人分享了什么，建构了什么，创造了什么，这些才是最重要的学习与收获。

如何把当前的实体课堂与正在发展中的在线课堂密切结合、彼此呼应，形成混合型、网络化、个性化的协作学习新样态，这将成为未来相当长一段时间，教育界需要共同面对并探索、发现、总结的重大课题。

只有真正实现为课程理想而教，让学生成为课堂的中心，教学才更具有变革意义和发展力量。

第九章　课程管理、评价与改进

课程管理是课程系统工程的有机组成部分。高水平的课程管理是组织实施课程改革与发展的重要保证。加强课程管理，通过组织、协调、统筹手段，使课程实施中的各种课程资源得到充分利用，发挥最大优势，以促进、优化课程系统的运作。

课程评价与改进，是课程管理的重要环节。一方面，使课程实践者知道怎样做、做得怎样，能够加强反馈作用；另一方面，使课程管理者检视、了解课程资源整合与应用效率，可以作为调整策略的依据。

只有当课程评价成为课程管理的重头戏时，评价的反馈功能才能强烈地凸显出来。澳门非高等教育在由课程决策、课程设计、课程实施、课程改进等所构成的整个课程管理体系中，应该攥住“课程评价”这个牛鼻子，牵一发动全身，久久为功，更好地促使课程教学改革良性发展。

第一节　课程管理体制与职能

一、澳门综合型课程管理体制

澳门回归祖国后，顺应世界教育发展潮流，建立政府、学校、教师共同参与的课程决策机制，走出了适合澳门课程管理的发展之路。

澳门现行的教育管理体制中，澳门特区政府教育暨青年局作为特区政府主管非高等教育的职能部门，积极推进教育立法，运用法律及具有法律约束力性质的法规、法令条文，进行课程管理，保障其权威性、强制性和稳定性。例如，《非高等教育制度纲要法》等法律文本相继颁布，为澳门非高等教育及其课程教学的改革与发展，开创了一个新的局面。同时，澳门特区政府教育暨青年局以教育规划提出愿景，凝聚人心，而且完善配套措施，积极部署落实，主要表现在如下几个方面。

《澳门特别行政区五年发展规划（2016—2020 年）》中非高等教育范畴的各项重点工作，免费教育的校部覆盖率在 2018 年已经达到 95% 以上，提前完成政府规划所确定的目标。

2015 年，澳门特区政府教育暨青年局开展《非高等教育发展十年规划（2011—2020 年）》中期评估，结果显示规划所确定的阶段性政策和相关措施基本实现：在资源投入、非高等教育体系、学生发展、教师发展、学校管理、教育公平、扩大教育开放和区域合作等方面得到实质性推进；课程教学改革、师资队伍建设、品德与公民教育、促进学生学习成功等方面取得显著成效。

通过经济手段调节各方面不同的经济利益关系。例如，完善十五年免费教育，持续调升各类津贴与资助，实施“免费教育津贴制度”“优化班师比或班师比资助计划”等，调动占澳门非高等教育学校数 90% 以上的私立学校，配合政府施政路向。

设立“教育发展基金”，在以经济引导、调节学校教育发展上，作出难能可贵的探索。此项举措较好地兼顾政府与学校两者利益，对促进澳门非高等教育事业发展，不断深化课程教学改革，起到了重要作用。

特区政府把教育摆在优先发展的突出地位，把对教育的投入，最大限度地直接转化为高品质的公共教育服务。大家凝心聚力，使澳门教育及课程管理，踏上新征途，有了新作为。

二、课程管理的共策职能与创新驱动

管理理论认为，现代管理一般具有决策、计划、组织、控制、领导、创新等职能。现代课程管理，同样具有这些主要职能，且重点在于决策和创新。从一定程度上说，课程管理的效能，取决于决策职能是否有效发挥、创新职能是否具有驱动力。

澳门非高等教育的课程决策，是特区政府教育行政部门的首要工作，贯穿于课程改革与发展的全过程。考察其决策职能，主要表现在：

确定非高等教育的课程发展所要达成的目标；制定《课程框架》及“基本学力要求”；对课程内容决策，即判断教材编排哪些内容才能实现课程目标；对课程推进的工作部署，实施“课程发展先导计划”，并提出原则性要求；对课程评价的决策，指导课程改进。

为了落实上述决策，特区政府先颁布《非高等教育制度纲要法》，设立特区政府与学校各自的基本权责边界，保证从制度层面，加强发挥特区政府对课程的领导作用；然后从“课程框架”层面，加强对学校课程实施的规范，尤其是制定各教育阶段课程发展准则，规定小学至高中必修课程、各教育阶段教学活动和余暇活动总课时、各科目的总时数；同时，在学科教学层面，以“基本学力要求”明确具体要达成的教学目标与基本要求。

这些要求，凡本地学制学校必须遵守，以确保提升澳门教育整体水平。同时，法规也给学校留出足够空间，以保障学校享受办学自主权。

学校在遵守上述法律、法规前提下，对具体事务可以自主安排，主要表现在：校历安排、教材选用、课程科目设置、每个年级的课时、每个科目周课时数、选修课程的规划与开设、自主招收录取学生、自主决定教师聘用、自主编订教职工薪酬结构等。

回归后，澳门特区政府建立的课程共策管理创新机制，顺利推动着课程改革与发展。在具体实施中，特区政府有明晰的思路和有效的举措，从政府职能到具体实施，再到评价改进，都作出了周密部署，谋定而后动的运筹确保了课程改革平稳落地。

1. 实施“课程发展先导计划”

在 2010/2011 学年课程改革即将开始之时，澳门特区政府计划建立一批“课程发展先导计划”学校。由学校自行提出申请，报澳门特区政府教育暨青年局同意，在根据《课程框架》及“基本学力要求”实施课程改革工作中，由澳门特区政府教育暨青年局安排专家团队给予具体指导和资源支持，完成课程“先导”相关任务，对后续全面推进、实施课程改革起到引领作用，积累学校实践的宝贵经验。

例如，在小学教育“课程发展先导计划”实施过程中，澳门特区政府教育暨青年局举办包括先导计划经验分享会在内的 90 项教师培训活动，超过 4 600 人次参加[①]；2014/2015 学年至 2016/2017 学年，澳门特区政府教育暨青年局开展了初中及高中两个教育阶段“课程发展先导计划”，举办包括经验分享在内的教师培训活动超过 110 项，收到良好效果。[②]

2. 推动学校建立和完善教研机制

澳门课程改革起步的一大困难，是欠缺充足的骨干师资。在澳门中联办和国家教育部的大力支持下，澳门特区政府教育暨青年局自 2008/2009 学年开始实施“内地优秀教师来澳交流计划”，确保参加“课程发展先导计划”的学校，与内地优秀教师充分交流，并能够得到相关的指导。这一批来澳交流的教师，普遍具有突出的教学、教研能力，又经过内地新课程改革洗礼，具有较强的课程教学指导水平，为澳门的课程教学改革注入了新鲜的血液。

以 2016/2017 学年为例，28 名内地优秀教师分别前往各个自愿申请的学校，开展中文、数学和中学历史以及幼儿教育的教学交流工作，在学校内进一步形成集体备课机制，推动同事间相互观课和评课，有序开展跨校的联校观课教研活动，形成有利于教师专业成长的良好氛围。许多内地优秀教师亲自示范或开展讲座，该学年内共举行 12 场教学观摩研讨活动及 19 场教师培训课和工作坊，参与的教师约 1 500 人次。[③]

3. 研制学科“课程指引”，支持学校及教师理解和实施“基本学力要求”

教研制度下，教师深化对“基本学力要求”的理解，包括课程与

---

① 澳门特区政府教育暨青年局：《2016 教育暨青年局年刊》，2017。

② 澳门特区政府教育暨青年局：《2017 教育暨青年局年刊》，2018。

③ 澳门特区政府教育暨青年局：《2017 教育暨青年局年刊》，2018。

教学要求、考试评核要求；建立适切学生发展水平的校本课程，做好规划，形成校本特色；探索改进评核方法，体现多元化、过程性评核，促进学生学习成功；发挥家校合作作用，加强家校沟通，共同育人。

课程建设与社会、经济、文化的变革息息相关，必然具有动态、开放、创新的活力。澳门的课程创新职能，能够根据时代发展、社会需要和学生需求，适时调整目标，设计具有弹性空间的课程框架和课程计划，有利于学校进行校本化改进和完善。课程管理中，领导者对创新条件的创造、创新环境的营造、创新人才的培育，都是推动课程建设不可或缺的重要因素。

第二节　课程校本化建设

一、“校本化”的意义

特区政府有责任根据国家宪法、澳门基本法和《非高等教育制度纲要法》，确立应该崇尚的教育价值观，制定科学的课程教学基准，保证基本教学要求。学校既要履行教育使命，落实特区政府的教育制度和相关要求，又要从本校实际出发，形成校本化特质，以避免百校一面。

“校本”（school-based）是个外来词，从英文字面意思理解，是指“以学校为本”或“以学校为基础”。郑金洲解读“校本化”，主要有三层含义：一是为了学校，以解决学校问题为指向；二是在学校中发生，指由学校的持分者来共同讨论解决；三是基于学校发展，解决问题的方案要在学校有效实施，以实现学校和师生发展。①

课程的校本化，一定程度上反映了课程的生命活力，有利于学校办出个性，办出特色。特别是在澳门这样一个“中华文化为主流，多元文化共生共荣”的地方，各学校应该根据各自实际，以校为本并作出充分安排。

校本化，是以学校为原点，深度关注师生学校生活，聚焦学校所面临的问题并寻求改进办法，谋划学校发展中可以有别于友校的成长路径。

澳门非高等教育的课程体系，尤其是课程结构，为学校校本化发展创造了有利条件，也给出了充足空间。

学校在遵守法律法规规定的各教育阶段目标、《课程框架》及“基本学力要求”的前提下，根据办学理念对本校课程享有最后决策权，包括制订校本的课程计划、课程教学、选择教材、开发校本课程等，以追求和实现学校的办学理想，使学校的特质，存在于师生身上，体现在教育教学活动过程中，反映在学校校风和其他有形或无形的各个方面。

二、校本课程开发

从现代课程分类意义上说，校本课程不属于课程类型，而是属于课程管理范畴。

20 世纪 70 年代，校本课程最先出现在欧美等发达国家。21 世纪初，随着中国新课程改革兴起，校本课程作为国家、地方、学校三级课程体系中的一部分，也成为学校课程建设的一个重点，得到社会各

① 郑金洲:《走向“校本”》,《教育理论与实践》2000 年第 6 期。

界的广泛重视。

校本课程的出现，改变了课程自上而下从设计到实施的长周期局面，使课程不断适应社会经济发展需要，更重要的是有利于建立以学校教育为主体的课程运作机制，多层次地满足学校、教师、学生的发展需求。由此可知，校本课程是针对课程管理及其运作而存在的。

澳门的校本课程由来已久，以 1999 年澳门回归祖国为界限划分，主要经历了两个历史时期的变化。

回归前，澳门学校的课程在较大范围内和较大程度上，由学校自己决定。那时，在课程管理中，校本课程占主导地位。这种存在的形式，固然跟澳葡当局对教育"撒手不管"、任由学校自己谋生有关，但也可以看到土生土长的早期校本课程，在学校与社会、经济的关联性上，有着较多探索。例如，很多学校开设英文会话、体育（分类选修）、书法、会计、珠算等科目。

回归后，特区政府根据澳门教育的实际情况，既按照澳门基本法规定各校享受办学自主权，尊重学校独立运作，又通过各种方法、途径、措施，引导学校加强课程建设。《课程框架》及"基本学力要求"颁发后，便开始建立起以特区政府课程为主导、校本课程为补充的课程体系，政府课程与校本课程相互结合、相互促进。

学校及教师置身课程改革大环境中，参与课程发展，其课程思想、课程策略、课程评价，都受到直接影响。同时，教师亲历以校本课程开发为主的实践活动，更加增强了课程设计体验。

澳门各学校的校本课程开发与建设，一方面根据学生需要以及本校资源优势，体现各自办学宗旨及人才培养方向，使课程具有多样性、选择性；另一方面在特区政府规定的《课程框架》内，保持课程之间紧密的一致性。学校根据办学宗旨，在满足特区政府规定要求的前提下，开设具有学校特色的课程，有课程纲要或课程要领，有校本教材或教学内容作为实施校本课程的媒介。研究校本课程及其教材的人员，以及校本教材编写人员，往往以校长和教师为主体，这更加反映出学校课程的实际意义。

当前，澳门必修课程由政府决定，选修课程由学校组成教师小组，在专家指导下，学习者社区共同参与。通过选编、整合、补充、拓展等方式，设计、开发更符合学校实际的新课程，满足学生需求，赋能学生成长，大大增强了学生学习的多样化与选择性。

澳门校本课程的发展方向，并不是一般意义上的兴趣课、活动课，而是立足于学校、教师、学生实际需要的创新课程。校长与教师需要不断增强开发课程的知识、技术、能力，并与政府的课程建立起相关联结，这还有待于深入研究、实践、提高。

三、校本“教研训”三位一体

校本“教研训”三位一体，是指以学校为基地，面向教师开展教学、研究、培训，遵循学校发展和教师成长需要，以实际教育教学问题（专题）为对象，确定培训计划内容，开展教学研究讨论，进行有针对性的教学实践，以至再培训、再研究、再教学，循环提高。它是学校自身发展和教师专业水平提高的强有力的推动器，也搭建起学校走向校本、教师走向课程的便捷而有实效的通道。

发生在学校现场、发生在身边的课程变革，是教师经历的最好的专业培训和教学研究。

具体来说，在课程范畴下某一门学科的教学目标是什么、教学内容有哪些、如何达到基本学力要求、怎样呈现、怎样评价等，教师便都了然于心。这样联系学校、结合学生、实践课程的过程，就成为教师成长的最好机会。

显然，“教研训”是教师成长中不可或缺的环节。在此背景下，教师就必须改变自己传统的单一角色，从教授者、讲述者转变为引导者、促进者，甚至从以前的课程消费者转变为课程研发者。教师培训在其间，专业发展也在其间。

我们了解发现，澳门的许多学校已开始显现出“教研训”三位一体的特点：

一是立足于岗位，有针对性。教师以研究的方式处理学生家长关系、解决课堂教学中出现的困惑和课程发展的疑难等，这种方式成为教师发展与学校发展的统一路径。

二是关注共性问题中的个体案例。通过培训，帮助教师掌握一般原则，然后在实际教学中发现状况，建立问题导向，再研究针对不同个案的解决路径，并加以归纳，从而增强“教研训”的相互关联。

三是充分挖掘专业发展资源。发挥主观能动性，开展网络交流讨论，实行资源共享，一个教师可以拜多个名师为师，博采众长，为我所用。

随着校本化程度的提高，“教研训”的重点也超越了课程学习，发展为形式多样的教育教学学术活动，如指导教师制度、教学小组制度、举办培训班或专题讲座、开设互动性工作坊、课题研究与实验、观摩与交流活动、反思性教学、自学及分享等。同时，从学生学的视角审视教师的教，与专家、同事一起观察、讨论、合作，甚至通过理论阅读，让“教研训”的含金量更高。

在校本化的建设中，开展“教研训”三位一体的教育活动是一项相当重要的工作，也是教师成长历程的一种直接体验。

四、校本文化建设

校本文化，与通常说的学校文化概念类似而有不同。这里之所以冠以“校本”，意在强调学校本位，是建立在学校本位上的文化，具有学校的文化特质，即有别于其他学校文化共性的个性化色彩。

校本文化，是校本化的重要平台。

澳门社会、历史、文化和教育演进中积淀的思想、习惯、态度等，无不影响着校本文化的建设和形成。在繁重、新型、深刻的课程改革面前，学校需要以校本文化建设来凝聚师生，激励奋进。

学校通过校本文化建设，引领教师将自身专业素养转化为课程教学使命，同时促进课程决策重点从长期以来的“上情下达”，转变成教师之间的“合作讨论”，增强行动研究意识与能力，使课程得到持续发展。

校本文化建设，具有即时性、实时性特征。教师在实践中进行反思，是文化交流的重要途径，使经验及时互动、问题现场解决成为一种常态。

学校教师的精神面貌是文化核心，影响着校本文化建设的方方面面，包括遵循方针政策、应用资讯科技、关注教育理论新发展、探讨改进教与学方法、针对不同类型学生运用不同策略、注重对问题学生的诊断与治疗、班级经营管理、组织风格及人际关系等。各个层面的文化现象，都是一道道风景。

经过长达十几年的课程教学改革，澳门各校对观课的理解和实行有了改变。很多学校及教师，已从不接受、不习惯、不交流，到现在形成了普遍的“观课文化”。最突出的是，有的学校已经开展“异校同课”“同课异构”的研究，打破了校际壁垒，促进了教研互通，大家在比较讨论中发现各自教研文化的立场。更难得的是，有的学校建立了学与教的自我检讨机制，开始书写课后反思，小结优劣得失和改进之策。这些，反映出校本文化的“本我”差异。

课程校本化建设以学校现场发生为基础展开民主决策，由各持分者共同参与制定、实施和评价。正是由于学校在课程改革中具有校本化任务，才有条件促使“政府的课程”走向“学校的课程”。

第三节　课程评价的意义和标准

一、课程评价的意义

课程评价是一个教育难题。什么是好的课程、好的教育？怎样检验学习成果、培养出真正有用的人？

这一连串教育问题，都与课程相关，也是课程评价所要思考和回答的问题。

一般而言，课程评价，根据对象可划分为学校评价、教师评价、学生评价；根据主体可分为自我评价、外来评价；根据目的就有诊断性评价、形成性评价和总结性评价。

然而，我们考察澳门的课程评价，是想从一个“确定课程与教学计划实际达到教育目标的程度的过程”视角，作出局部解读。

澳门非高等教育的课程评价表现出三种意义。

1. 课程期望的意义

课程期望，是课程决策层面对课程影响的理想期待。对是否达到课程理想和状态的评价，反映出课程目标和课程设计是否合理，即是否符合社会的需要和教育发展趋势，尤其是培养的对象是否符合未来的人才规格。

2. 课程质量的意义

期望的课程，往往与“实际”课程之间存在差异。这种差异体现在教与学的过程中，可以反映出课程教学质量的高低。而对教与学过程作出的评价，也是对设计、实施的反思，有助于课程质量的提高。

3. 课程效能的意义

对课程实施结果的分析与控制，如投入的成本、产出的成果，既有量的概念，也有质的要求，特别是在检视学生能力、素养和成长结果方面，课程学习效果能够反映课程所产生的实际意义。

因此，课程评价的意义，应重在学生的发展。课程发展过程中的一系列价值判断活动，应包括课程标准评价、学业成绩评定、教师课程实施过程及相关工作制度评定，以及据此作出的课程决策的改进。

澳门《本地学制正规教育学生评核制度》规定，对学生的评核，“须以有关教育阶段及教育类型所设定的目标和基本学力要求为依据，并应通过多元方式实施，尤须考量学生的学习过程、学习目标、学习情况及学习环境，以了解学生在不同方面的表现与学习需要”。这是澳门非高等教育课程评价与改进的根本。

二、课程评价的价值标准

任何评价都是价值的评定，评价者要明确评价标准，哪些是值得评价的。例如，对课程决策的评价和对课程设计的评价，两者之间所值得评价的标准并不一样；对教师的评价和对校长的评价也有差异。只有确立评价标准，才能促进后续的工作。

课程评价应该贯穿于课程改革与发展的全过程，它具有以下四个基本维度。

1. 目标性

评价目标导向，反映评价价值。课程决策是以决定课程的策略为目标，评价课程是以评价课程发展为目标。

澳门的课程评价目标指向，在描述事实的基础上，实施每一发展过程所揭示的目标，应该是比较成功的。从决策到设计，从设计到实施，从实施到反馈，有其内在价值。其实，课程评价是一个反映价值判断的过程，每一个目标实现，都体现了评价价值。

2. 发展性

课程发展有其过程，无论在哪个阶段，都要用发展的观点来看待，从将来改进来评价。

它既可以定量，也可以质性，教育测量只是其中一种方式，不容易检测发展的全面要素与程度。澳门基于发展建立与实施“学校综合评鉴”制度，对学校的课程评价起到很大的作用，特别是“对标式‘自评’”，对促进学校主动发展具有推动作用。

3. 诊断性

评价不仅具有价值评价功能，还有诊断功能。通过量化、质性等评价手段，在评价中发现“强弱机危”，可有针对性地找原因，想办法，以做得更好。各种评价的数据和结果，应该是有组织的、统整的，而不是零碎散乱的。而且，可以把评价所发现的积极的建议实际应用于课程发展，让其成为改进工作的依据。

目前，澳门参加了五轮 PISA 测试，根据测试数据分析课程教学的状况，有其特别的课程意义。尤其是每一轮之后，教育部门经过数据统计分析，可以科学地指导学校认识并缩小学生阅读、数学、科学三大素养上的差异。

4. 合作性

课程评价，既然立足于改进，就更要注重合作。它不只是各阶段或各层次具有各自目的的评价，而应该具有共同的价值取向。相互合作能够使评价人员交流更便捷，增强评价效能。在课堂教学的评价上，澳门的教师显得更喜欢“群聚”，注重“群体”效应。这有其积极的一面，相互间比较容易沟通与合作，但也许跟缺乏名师领头的现状有关。

三、评价标准与改进空间

从课程评价的性质来划分，评价标准可以针对整体，也可以针对局部。无论是整体还是局部，课程评价的目标都是推动课程教学的改进。

评价整体的课程发展，虽然比较广泛，但因为是通盘考虑，有助于参与者了解全局。例如，教育目标、组织结构、职责明确、团队合作、亲和沟通、资源共享等检查维度，便是值得采用的评价项目。

如在“团队合作”维度下，设立若干子项：团队合作计划、团队合作精神、团队解决问题的能力、团队中的交互性活动的开展等。考察这些子项，对教师团队精神风貌，就有一个准确把握。

单独考察课程发展中某一因素往往会使结果更加深入和详细。它可以与整体评价同时进行，也可先于整体评价。

例如，澳门教业中学“课堂教学评价”的观察点，经过持续五年的“‘高效课堂’专题教研”，逐步梳理，总结归纳，最后形成：

一是教学目标明确，完成“基本学力要求”的任务；二是教学内容充实，安排合理，抓住关键，处理得当；三是教学设计精准，方法灵活，教师善于激疑、启思；四是课堂管理有效，学生学习投入，互动性强；五是教学手段多样，资讯科技服务教学需要，科学使用。

这里原有的“课程理念先进”被“课堂管理有效”所替代，因为大家都觉得，理念固然重要，但它应该体现在教学全过程中，涵盖目标、内容、方法诸多方面；而课堂管理有效，虽然传统了一点，但对教学效能很重要，并且尤其突出了课堂教学的指向——应围绕着学生学习参与度而展开。

据此，针对反映出来的情况，学校及时调整，让集体的“课堂教学评价”成为个体的约定，以有利于每一位教师对照课堂的“标准”评议讨论、切磋改进。

第四节　从质的变化看课程改进

一、“学校综合评鉴”与课程改进

在以私立学校为主、学校自主权相对很大的情况下，澳门非高等教育加强教育质量保障机制建设势在必行。特区政府对学校进行系统的综合评鉴，显得尤为必要。

课程评价是课程发展的重要环节，直接影响学校教育教学。在学校综合评鉴中突出课程评价的作用，有利于持续改进、完善课程运行机制，提高学校的课程领导力。

澳门特区政府在2003年财政年度施政报告中指出，要制定“学校综合评鉴”机制，以协助学校改善教学及校务，同时评鉴结果也可以作为规划教育未来发展方向的依据。

于是，澳门特区政府教育暨青年局自2003年5月开始进行11个学校的试评工作，给澳门非高等教育的发展带来很大的正面影响。因为对学校进行外评，要求全面查看校务资料，与师生座谈了解，开放校园全程观察，开放课堂全面观课等，评鉴人员甚至要驻校一周。这让澳门学校办学水平以及课程教学等方面，经受了第一次规范化的检视。

“学校综合评鉴”是运用系统论的方法与客观的标准来衡量评鉴学校的优缺点或价值。这里仅概要梳理其与课程联系紧密的内容，以观察综合评鉴对澳门课程评价与改进的影响。

评鉴学校行政管理之规划效能，主要检视学校对课程发展的规划、目标、计划及资源配置情况。这对于学校以课程发展为中心、整体设计学校课程方案尤为重要，突出学校发展的根本走向。

评鉴学校有效运作之组织效能，重点检视课程管理结构、校本制度、师资配置、协调运作的程度。学校把课程方案转化成工作实践，需要建立保障性措施。

评鉴学校校长所发挥之领导效能，重在检视其在教育教学观念、课程领导、专业知识、教学能力以及人格特质与态度方面的表现。校长对课程的专业理解，是有效推进课程改革的关键因素。

评鉴推动学生素质发展之管理效能，重在检视学校及教师的管理，包括课程、教学、考试、训育、辅导、活动等。课程是否能执行落实，根本在于教师。学生全面成长，需要全体教师全程参与。

评鉴课堂教学之效能，重在检视课程理念、内容安排、教学策略、师生关系、学习效果的状况。这进一步表明，课堂不仅是学校课程的主阵地，也是教育的主渠道。学生在校的绝大部分时间是在课堂度过的。聚焦课堂无疑是学校发展和师生成长的必由之路。

通过评鉴，直接促使学校总结经验、反思改进。就上述表现而言，目标制定、计划安排、制度落实等方面反映较好。但是，校本特色、开放课堂、专业对话、课程培训等普遍显得薄弱。

特区政府针对教育发展现状和评鉴发现的薄弱点，将2018年开始的第二轮“学校综合评鉴”改进为“学校发展性评鉴”，把“自评”与“外评”联系起来，把综合评鉴与专项评鉴结合起来，加强学校教师主动参与、自我发动、自我评价，特别在课程教学软实力建设上，运用强弱机危分析法，突出协作讨论、收集实证、自评展示过程。评鉴工作更加完善，将更好地促进以校为本的教育质量保障指标体系的建设，促使学校课程评价持续改进，激励大家把今天的弱项努力转变为明天的强项。

二、学生多元评核与课程改进

学生评核是一个普遍存在的难题。对比其他地方，澳门的学生评核问题可能更加突出。前几年，澳门中小学的留级率一直居高不下。近几年，特区政府以及学校采取综合措施，使中小学的留级率呈下降趋势。但目前不少学校及教师在学生评核的目标、项目、方式上，还是存在诸多困惑。

经济合作与发展组织在2005年发布的研究报告指出，实施形成性评核，关注学生学习过程，能让教师适时调整教学，以满足学生的学习需要，有助于帮助学生建构学会学习的能力，从而提高学习水平、学习结果，即提升学习效能。

经过前期充分准备和讨论，澳门特区政府教育暨青年局在2016年10—12月，开展《本地学制正规教育学生评核制度》咨询工作，广泛听取、收集社会各界的意见并作出修改，向澳门立法会递交文本，进入立法程序。

分析这一咨询文本，它与课程评价与改进有着直接关系。

第一，揭示评核依据。《非高等教育制度纲要法》规定对学生评核，应以相应教育阶段和教育类型所设定的目标及其相关“基本学力要求”为依据，考虑学生学习过程、教学目标、教学情况及促进学习的环境等因素，了解学生在不同方面的表现和学习需要。

第二，明确评核目的。旨在推动学校及教师建立形成以促进学生学习成功为核心的理念，规定学校须制定校本学生评核规章，确保对学生的评核，以促进其学习成功为主要目的，并通过实施多元评核，评估学生的整体学习表现，以调整课程与教学，增强教学针对性，改进教与学存在的问题。

第三，划分评核类型。包括形成性评核、总结性评核、特别评核和检定评核，评核须通过多元模式进行，改变单纯以甄别、选拔为目的，以笔试为主要手段，以检查知识掌握为主要内容的评价方式，全面发挥评价的检视、激励和发展等功能。

第四，解释实施模式。形成性评核在学与教过程中恒常化进行，主要采用观察、提问和建立学生成长记录档案等方式；总结性评价往往在某学习阶段结束时进行，多采用纸笔测试、口述、实操等方法，用作判断学生整体表现之依据；特别评核是针对个别学生的特殊需要而进行的；检定评核是一种标准化的测试，由澳门特区政府教育暨青年局负责筹划涉及全澳学生能力水平的评核，如组织参加 PISA 测试和国际阅读素养进展研究项目（以下简称 PIRLS），从中获取值得关注的数据材料以作分析改进。

2017 年 6 月，澳门特区政府教育暨青年局《本地学制正规教育学生评核制度》咨询总结报告公布，标志着澳门教育向着优质教育目标迈进了一大步，得到了教育界拥护。

澳门中华教育会在《对2019年财政年度政府施政方针的意见（教育部分）》中对制定《本地学制正规教育学生评核制度》推进多元评核的做法表示赞同，认为它推动学生多元评核，有利于更好地实施《课程框架》及“基本学力要求”。

在听取吸收了各会员学校的意见后，澳门中华教育会提出：要加快立法，争取2019/2020学年正式实施《本地学制正规教育学生评核制度》，成为深化课程改革与发展的有力措施，并甄选不同类型的学校参加“课程发展先导计划”，在试行过程中给予资源和支持，引入研究机构，结合实践经验，进一步作出修订。

这在打通政府与民间之间的管理沟通渠道、凝聚社会及教师共识、促进课程评价及其改进等方面，发挥了积极作用。

三、高考升学与课程改进

澳门没有统一考试。回归之前，各校奔各路。回归前后，随着澳门本地高等教育事业的高速发展，已建有4所公立院校、6所私立院校，优先招收本地学生。

国家关心特区青少年成长，内地有北京大学、清华大学、复旦大学、浙江大学、南京大学和中山大学等近百所知名大学在澳门招生，并持续扩大名额，给予各中学推荐保送的政策。

澳门高中毕业生升学率，在近年达到98%以上，其中有40%左右的优秀学生，通过保送生考试顺利进入心仪的高等学府。另外，澳门学生也可以参加澳门本地大学“四校联考”①，还可以申请邻近地区

① 指澳门本地的澳门大学、澳门理工学院（2022年3月1日更名为澳门理工大学）、澳门旅游学院和澳门科技大学四所大学，一般在每年5月，面向澳门各中学高三学生所举行的联合考试。

和国外的大学。

澳门每年高中毕业生为6 000—8 000人，近年因出生率下降，还有所减少。面对如此质与量并举的大学入口，显然对于澳门学校而言，高考竞争压力并非如内地或香港一般巨大。所以，澳门非高等教育的课程改革与发展，有着更宽松的环境，在青少年成长与人才培养规律、课程建构与教学方式等方面，应该可以作出更加深入的探索与实践。

从课程评价与改进的角度促进高中课程多样化、个性化发展，对提升澳门高中学生学习力、竞争力而言，是一条很好的路径。因此，课程建设上应该形成新的发展思路，师资培养应当作出必要改进。

例如，校本课程作为一种新的课程管理形态，应基于学生直接经验，使学生能够联系自身生活体验对知识综合运用，其基本的学习方式应是探究性学习。这也是澳门非高等教育的课程改革与发展中所面临的挑战。

从学生参加内地高校保送生考试的情况来看，澳门学生在品德、情感、能力、乐群和动手实践等方面普遍表现良好，但在语言表达力、知识系统性、思维深刻度等方面尚存在提升空间。澳门社会文化惯性与生活过于安逸，致使学生欠缺志存高远、卓越进取的上进心，这应引起我们高度关注和不断反思，改进学校教育及课程教学，以进一步提高教书育人的质量。

四、国际测试（PISA/PIRLS）与课程改进

近年来，PISA测试和PIRLS测试两个国际性测试项目，作为“检定评核”的重要内容而进行，以检视学生素养发展状况。这对于课程评价起到了积极的促进作用。

检定标准差的绝对评价，为课程评价提供了一个外在的客观标准。它将评价对象与这一客观标准相比较，以判断其达到的程度。

这将澳门教育及课程放置于国际教育及课程发展的大背景下，根据评价结果，可以看到自身优势，发现差距，调整自我。此举具有明显的课程教学评价意义，值得予以充分肯定。

澳门自2003年开始参加PISA测试，取得了显著成绩，可以说是处于持续高位发展中。通过该项研究计划，检视15周岁学生所具备的基本阅读素养、数学素养和科学素养等，并为教育持分者提供重要和客观的科学参考数据，以改善学生整体学习情况，持续促进澳门的教育发展。

利用PISA测试创造的国际交流与合作平台，引领澳门各所学校，借鉴各国推动教育课程改革的成功经验，持续进行自我改进和教学探索，有助于逐步提升澳门教育整体水平，促进学生学习成功。

据2019年12月公布的PISA2018成绩，在参与PISA测试的79个国家（地区）中，澳门取得主测阅读素养和辅测数学素养、科学素养三项均排位第3名的骄人成绩。与国际平均值相对比，澳门学生阅读素养525分，高出38分，数学素养558分，高出69分，科学素养544分，高出55分，足以反映澳门非高等教育近年来的卓越发展。①

澳门大学PISA研究中心研究团队针对测试结果作出精细分析，不仅与本地学生成长变化比较，也与国际上其他参测方对照，并提出建议，哪些是澳门学生的优势，是什么原因，哪些是弱项，可以如何改进。分析澳门PISA2018取得佳绩的原因，除指导进行有效的教育资源投入外，主要可以增强以实证为本的教学指导的有效性，如澳门

① 澳门大学教育测验与评核研究中心：《澳门PISA2018研究计划报告：从国际比较的观点评核15岁学生的阅读、数学和科学素养表现》，2019。

留级制度问题论证、男生阅读素养指导策略、培养学生处理信息的能力等，并指出未来需要学校继续通过推进改革、优化教学过程、建设和谐的师生关系及家校关系等来提升教学效能。例如，精进阅读的教学指导，在培养学生阅读兴趣时，除考虑学生阅读喜好外，更应兼顾学生阅读水平延伸至更多不同题材和复杂度大的文本阅读，以强化阅读策略的学习。①

这对于调整、制定教育政策以及研究、改进课程教学评价，都有着很好的启示。

另外，2016 年 3 月澳门首次参与 PIRLS 测试，也获得高于国际平均水平的理想成绩。其研究结果表明：澳门阅读教育资源丰富，教学策略正确，有利促进学生阅读能力发展。这项研究主要是评估全球小学四年级学生的阅读能力与水平，探讨影响学生阅读能力的问题，寻找改善阅读教学策略，并借鉴先进地区经验，完善澳门的教育政策，改进课程教学，尤其是对教学方法、阅读策略应用，具有良好的指导作用。

综观澳门课程管理与课程评价及其改进，主要表现出四大特点。

1. 制定标准，沟通落实

特区政府制定的《课程框架》及“基本学力要求”等行政法规，是一个框架性教育标准和基础性教学要求。学校和教师必须遵循，并把它们作为工作准则。在标准制定者与标准实施者之间，要确保良好沟通。例如，澳门特区政府教育暨青年局在 2017 年 2—5 月，分别派员到访全部中小学，与学校领导及教师深入交流开展课程改革工作的要点和注意事项，给予支持并提出必要的教学导航，以确保课程改革在 2017/2018 学年推进至小学教育四至六年级、初中教育一年级、高

① 澳门大学教育测验与评核研究中心：《澳门 PISA2018 研究计划报告：从国际比较的观点评核 15 岁学生的阅读、数学和科学素养表现》，2019。

中教育一年级。

2. 发布指引，提供说明

澳门特区政府教育暨青年局负责发布各学科“课程指引”，增强学校和教师课程教学改革的实操性。“课程指引”对学校的课程设置和教师的教学计划，尤其是在将“基本学力要求”转化为课堂教学、开展具体教学活动、对学生进行评核等方面，提供了说明、建议或范例。学校和教师可以根据“课程指引”进行具体的、有序的实施，并及时作出回馈。

3. 同步培训，互动共享

课程改革是一项充满活力的新教育活动。培训伴随课程改革与发展的全过程，需要同步进行。除了教育行政部门周全设计、系统安排之外，其实更直接、更有效的是学校开展的一系列与课程教学相关的培训活动，包括专题培训、经验分享、主旨讲座、实操工作坊以及随时发生在现场的同事互助。如此，既可以加强对课程改革工作的全程指导，又可以提升教师课程发展的专业能力。

4. 政校共策，励精图治

澳门非高等教育课程管理的一个重要特点，是反映校本治理的管理思路，这也是课程改革的一个关键因素。澳门特区教育制度规定，教育行政部门有制定、指引责任，学校有实施、操作任务，并且通过校本化实践，在课程、教研、培训、文化等层面，进一步细化落实，使学校高质量、有个性地发展。

因此，无论是政府还是学校，无论是校长还是教师，凭借综合评鉴、学业评核、高考升学、国际测试等评价渠道所提供的有效反馈，进一步审视、改进课程管理，提高课程效能，使澳门教育以更坚实、更自信的步伐迈向优质教育。

本章小结

当今世界，全球经济竞争日趋激烈。学校教育质量将直接影响国家综合国力，关系到国家前途命运。

澳门的课程管理，发挥现有社会、历史、文化等优势，同时顺应世界性教育发展潮流，形成了综合兼顾、共同参与的课程管理方式。这种方式的选择，也为课程评价、课程改进创造了十分有利的条件。

教育行政部门代表政府意志，担负起主导的职责，对课程政策、课程制度、课程计划等作出规定；学校是课程实施的主体，也负有课程管理责任，要把课程理念、课程原则、课程内容落实到教师实操，落实到课堂现场，在遵循政策制度前提下，进行校本化的“再加工”，从而推进课程评价、课程改进。

针对当前课程教学评价的实际，澳门在没有统考的情况下，由各所学校自己组织命题，安排考试，更需要激发师生教与学的内驱力，严格坚持以《课程框架》为标准，落实“基本学力要求”，确保课程教学质量。澳门的学生参加 PISA 测试这样的国际评估项目，可以在一定程度上体现澳门教育水平现状，但并不能完全反映澳门教学质量全貌。毕竟两者之间的目标指向、质量要素，尽管有相同性，但并不等同一致。

从课程发展规律出发，着眼长远，在条件成熟的情况下，特区政府还是需要研究、建立相对完备、合理、科学的澳门教学质量检测评估机制，进一步完善课程评价及其改进制度。

要进一步研究《本地学制正规教育学生评核制度》与高考升学制度的对接。在高等院校特别是澳门本地大学的招生、保送、考试等工作中，明确原则，体现多元评核制度优势。在互联网时代，把大数据、资料库等现代科技手段运用于课程评价及学生学习评核等，是澳门的课程发展亟待探索的一条新路。

澳门的现行课程评价，比较多地聚焦于学生的学业，这虽然无可非议，毕竟“教”是为了“学”，“学”的成绩容易显现。然而，在课程管理中，关注教师的“教”，特别是针对教师教学态度、方法、成效、水平的评价，在绝大多数学校尚未形成机制。究其原因，主要是对教育质性评价比较困难，也很难进行量化，诸如内省等方法在实际评价过程中并不可靠。当然，这是当前教育界一个普遍的难题。尤其在澳门社会文化背景下，学校对于课程发展，校长对于教师评价，教师对于课程理解、执行与开发，几乎没有多大关系。教育行政部门与社会公众对于学校、校长、教师的要求，一般不在于此，所以往往不容易引起关注，课程评价显得更为困难。可见，“教育的良心”，在澳门十分重要！

澳门非高等教育课程改革，是以研究实践、评价改进和政策分析作为理论基础的探索。与任何改革一样，它也是在不断克服困难和障碍的过程中，不懈研究，不断改进，一步一个脚印，艰辛地走过来的。

第十章　澳门课程发展走向及趋势

澳门回归祖国二十多年来，中央管治权有效落实，特区政府高度自治权充分保障，“一国两制”伟大事业行稳致远，堪称成功典范。

站在新的起点，澳门搭乘国家建设和发展的快车，在促进经济适度多元发展、持续改善社会和民生等方面，奋发有为，不懈进取，将迎来更加美好的明天。

社会经济对教育具有直接影响，教育对社会经济发挥重要作用。澳门非高等教育提质增量，高速成长，同样进入了千载难逢的新时代。

教育是面向未来的事业。未来正扑面而来。

未来世界对“高创造力、高学习力、高竞争力”的要求越来越明显。澳门的课程如何凸显这种要求？教育不仅仅是要培养懂得使命的人，更要使人具备实现使命的能力。我们不仅要教育出爱国爱澳的青少年一代，更要培养出能够担当起澳门未来发展宏图大业的杰出才俊。

澳门教育前景广阔，进一步深化课程改革、优化课程系统，将是新时代澳门非高等教育继续高质量发展的必由之路。

第一节　系统，从无序进入有序

澳门非高等教育的课程，回归前处于无序状态，回归后经过课程改革而进入有序状态，各要素以序列方式，组成了完整的系统。未来，它必然更加深入发展，使课程的力量蕴含其间。

从澳门历史演进中可以看到，澳门教育的无序现象由来已久，这是其独特的社会历史背景所造成的。

一方面，长期以来澳葡当局无视民众的教育需要，对澳门采用“只取不治”的政策，任由教会、社团等承担教育任务，严重缺乏统一的教育制度和教育规范。

另一方面，由于各个办学实体的背景、动机、实力以及对教育理解认识的差异，导致各行其是，我行我素，难有共同的远大教育理想，缺乏对教育与澳门社会之间影响的深刻思考。

当然，澳门教育近现代历史进程中，也曾出现像陈子褒先生义学善举、梁彦明烈士以身殉职、毕漪雯校长捐宅办学和杜岚校长爱国教育等模范行动，登高一呼成人楷模，实在难能可贵！

社会经济的相对滞后，严重影响教育发展。回归前的澳门百业凋敝，民不聊生，广大民众难有温饱，更无暇顾及子女教育，能为孩子提供入学“开眼”的机会已是十分难得。20 世纪 50 年代初期，澳门出现一批从业者社团开办的学校，如劳工子弟学校、菜农子弟学校、海晖（渔民子弟）学校等，筚路蓝缕，延展至今。但也有一些行业协会所办子弟学校时过境迁，不复存在。天主教、基督教等教会所属学校，也有此情况，不足为奇。可想而知，在缺乏一定条件与标准下各施其教，往往加剧了有教无序的情况，甚至出现恶性竞争致使校息人散。

教育的无序，主要表现在课程难以系统呈现。无论是制度规范，还是课程标准，包括学制、科目、教材等，都莫衷一是，杂乱交织。

无序已是澳门教育历史的“胎记”。

有序是时代的必然。

澳门回归祖国，不仅是管治权的收回，也是民心的回归。随着澳门社会经济不断发展，在特区政府“教育兴澳、人才建澳”施政理念下，教育作为一项事关民生国运的大事，也得到长足进步与发展。澳门非高等教育在迈向优质教育的宏伟目标过程中，从法律制度层面，对教育目标、课程结构、师资队伍、教学要求、教材建设等方面作出明确规范、健全保障，初步形成科学有序的课程系统，并渐趋完善。非高等教育课程改革不仅涉及具体组成要素，还包括其如何排列，以及要素与要素之间存在的联系，各有什么功能与作用，达到怎样的教育效果等，这些都在深入探讨与实践之中。

回顾澳门非高等教育的课程改革，主要是从决策、实施、评价三大维度展开。课程共策机制发挥法律层面的制度保障作用，既有对课程所属的教育范畴诸多作用因素的控制，也对课程本系统内，特别是课程实施、课程评价产生着正面影响，而后两者又支撑了正确有效的决策，从而形成三者之间互为因果的联系。每一课程改革维度下的各自内部系统，以各个要素的有序组合推动着课程的发展。

面向未来的课程发展，有一个明确的主旨值得深刻领悟和奋力践行，那就是：学校是师生生命共同成长的地方，教师引领学生站在舞台中央，课程是滋养生命成长的原料。如此，应调动课程系统内部逻辑力量，即各个要素及要素与要素之间，通过调整排列组合，完善系统运行机制，焕发出新的生机，包括教育战略重心再思考，如教育投入、管理体制、发展环境、实现手段及发展目标等。

以课程实施为例，现有课程实施的子系统，由课程目标、课程结构、基本学力要求、教材配套、师资建设、教学方法等几大要素构成，各具作用，彼此关联，组成了序列间一环扣一环的联动发展。但是，如果深入解读这些要素的组合，会发现它们都围绕“以学生发展为中心”展开。要素组合要根据学生成长而定，相应地，课程结构模式、课程发展方式也会产生新的变化。

依据这种变化，课程目标与课程结构的关联、教学要求与教学内容的选择、教师素质与课程资源的处理、教材编制与教学方法的运用、教学方式与课程目标的契合等，都将在本质上被重新审视并作出突破，走出一条“以学生发展为中心”的课程发展新路。

例如，《课程框架》中学习领域“科目”设置，分科与综合的结构并存。根据学科特点，像“科学”作为综合性学习科目，更符合学生认知发展，只是当前因合科教学师资培养未跟上，相应的本地教材暂未具备，所以未能全面开展。又如，“计算机”科目设置也值得改进，应该从单纯教会使用计算机，改变为“STEM”“设计”之类综合应用课程。

面向未来，修订“基本学力要求”也是必然趋势，此举有助于突破目前“基础知识、基本技能和情感态度价值观”的三维层面状况，寻求建立真正以“核心素养”为指向的可实操、可细化、可检测的教学要求。

由此，教师角色、学生地位、教学方式、教材编写以及课程指向，都必然会出现大的调整。教师不应该只满足于教好单门学科，而是需要教育自觉，主动成为教育的研究者，以欣赏的眼光去发现每一个孩子在不同领域、不同方面的优势与潜质，并加以培养；教材也不等同于教学内容的呈现；教学更不是知识的复制；当然所引发的评核，也不是简单的评核。

课程实施中要素的重组与改进，对课程评价乃至课程决策，都会带来裂变效应。澳门未来的课程发展，只有对标未来澳门建设、祖国发展以及国际竞争所需要的人才规格，进一步深化课程改革，才能更好地实现优质教育。

第二节　内涵，从多元渐有同一

澳门非高等教育的课程，从多元渐有同一，但需要进一步提升课程品质，提高站位，体现时代精神，促进教育内涵式发展。

以往澳门课程多元而散乱现象，反映回归之前澳门的课程，乃至整个教育，缺乏明确的教育目标、基本的管理制度、合理的课程体系、相应的教学要求等，表现出极大的随意性，甚至盲目性。所以，在多元的背后，是实质的散乱。在澳葡当局不承担公共教育的社会，怎么会有教育公平，更不可能以教育及课程标准引领学校发展。

回归后，特区政府进行一系列教育制度建设，努力推动学校课程教学改革，其本质意义在于建立澳门非高等教育的完整系统，并从教育的共性与规律出发，形成一个基本的完备的同一要求，反映出共同应遵循的目标、立场和准则。这也是回归后澳门非高等教育实现新跨越的有效途径。

澳门课程改革与发展中逐渐表现出的同一性，是对多元的整合，是在多元之上的同一。同一的实质，反映出教育的共性。

澳门回归祖国二十多年来，课程改革使澳门的教育取得了前所未有的成就，在“同一”的教育价值目标上，写下了辉煌的发展史。

当今世界的课程发展趋势，课程目标正从满足社会需要，走向实现人的内在价值。这是“全人教育”的深刻本质。

这个世界不再关心你知道多少，知识获得已经越来越容易，智能机器人永远比你知道得更多、更准确。未来的教育，不再是单纯地关注学生学习特有的知识、技能和方法，为某个专业或从事某个职业作准备，而越来越需要通过课程实现人的“内在价值”，即能够成为主动发展、终身学习、自我价值实现的人。课程为这样的教育，提供“精准服务”平台，个性化教学将成为课程的一个重要支点。同时，因为互联网正在迅速瓦解上百年来人为建立的学科体系，课程内容将为不同学科、不同层次的知识贯通和课程统整创造条件。

这一发展趋势，意味着新的时代对课程内涵变化提出新的要求。

学生发展置于课程的核心，正显示出两大变化：一是从强调目标及计划，转向强调过程本身的价值，教师开始走出预期目标及计划的限制，关注教学过程本身的教育价值，把目标及计划通过内容整合到教学情境中；二是从强调学科内容，转向强调学生的生活经验与情感体验，关注活生生的现实世界，它依靠某一教材资源，又不局限于某门学科，而是在培养学习力中提高学生的核心素养。

观照澳门的课程发展，需要将教师、学生、教材、环境四种因素有机整合，形成一种动态的、生长的教育生态系统。而现代教材，因为其与课程理念、课程目标、课程结构、课程评价等的高度契合，在教育生态系统诸因素中，不但直接起到媒介作用，而且可以发挥催化功效，对教师“教”、学生“学”和教学环境产生明显影响，充分体现课程教学的内涵。

关于教材使用，目前普遍存在的现象，是教师“教‘教材’”，仅仅把教材作为教学内容教给学生，致使学生的任务就是学习教材，看起来是天经地义的事情，但这也是一直以来教学走不出“知识”怪圈的一个诱因，是“以教材为中心”教学的症结所在。

而以“学生发展为中心”的转换，教师就应该“用‘教材’教”，教材也应该以“学材”思路来编制。教材只是学生学习的一个凭借而已。这为促进学生学习成功开启了一个全新的视角。

建设澳门现代教材体系，势在必行。它反映出课程观念的发展和课程研究的深入，也揭示了澳门课程发展“同一性”走向的教育伦理基础。

在当前单科教材编制的基础上，特区政府应从《课程框架》出发，建立各学习领域或科目的教材编制目录；以“课程目标”为导向，统整相关科目教学目标，体现其一致性；基于“基本学力”，梳理各学科教材内在的基本教学要求；框定教材结构及编排体例，提供有效教学策略，促进学生学习成功等。

廖哲勋、田慧生曾指出，从整体与局部的关系上考察、构建教材体系，是教材建设的基本问题，也是加强教材建设、提高教材编写质量的基础。教材体系是若干类别的教材相互关联而构成的整体。①

由此可见，就教材系统而言，应该包括某教育阶段的各类型、各序列教材，以及每种教材内部的深层与表层结构。

就教材结构而言，要使学科知识结构与学生认知心理结构相一致，形成学科与学科之间整体的有机联系。

就教材系列而言，要以教材为基础，有效地使用各种形式的课程

① 廖哲勋、田慧生主编《课程新论》，教育科学出版社，2003，第333—334页。

资源，包括工作纸、学习活动材料、多媒体及数据资料等。

所以，从系统思维出发，建设具有澳门“一国两制”特色的教材体系，将是新时代深化澳门非高等教育的课程内涵发展应该倾力而为的方向。

第三节 特点，从基准趋向超越

澳门非高等教育的课程，从散乱中一路走来，终于建立起教学基准，主要反映在《课程框架》及“基本学力要求”上。

这一教学基准，是课程实施的基础性要求，是课程发展需要达成的基本教学目标。它既是课程的标准，又有别于传统意义上的标准。它一方面保证最低限度的基础，另一方面留出较大的发展空间。这很符合当下澳门教育的实际。

澳门的课程教学基准，其实质意义就是使教学有据可依，有章可循，以避免由来已久的我行我素教学，力扫随意松散的积弊。但是，教学基准绝不是模板，不能生搬硬套，不能成为机械的公式。在满足“基本学力要求”的同时，课程发展还应该留出足够空间，发挥学校自主办学积极性和师生自主教学主动性，从而寻求课程的多样化发展。毕竟多样化才是课程的生命，也是课程创新发展的核心。

这就需要进一步转变课程的发展方式，学校与教师都应该追求超越自我的发展。

如前所述，澳门课程改革与发展的一个可贵之处，是政校力量共策，体现了特区政府主导、学校参与的作用。现在，已经建立起来的所谓“正式课程”其实是“政府的课程”，仅是一种规范、一种标准，如果要很好地发挥课程功能，它必须走向“学校的课程”。

只有当政府的课程转化为学校和教师理解的课程，并在实施中变成学生学习的课程，才能真正促进学生的发展。

当前，澳门非高等教育课程理论的研究基础相对比较薄弱。例如，课程开发中，对于学习者需要、当代社会生活需要和学科需要之间的统一，必修课程与选修课程的关系，学科课程与活动课程的关系，分科课程与综合课程的关系等问题，还缺乏充分的深入研究。

又如，学校层面对课程的领导力建设，虽说是一个长期过程，但亟待提高。尽管一直以来澳门学校有课程教学自主的习惯，有校本化课程研发的传统，然而在目前新的形势下，在课程领导、课程规划和课程开发上，显然存在较大欠缺，要真正实现“政府的课程”向“学校的课程”转化，看来还有一段长长的路要走。

鉴于这种现状，未来应该从“活动课程”首先突破，以期实现局部超越，进而引领整体发展。

学科课程与活动课程的关系，体现澳门特区政府课程与校本课程的平衡。校本课程这个概念在澳门流行还是近十来年的事，多是以活动课程的形式存在，且活动课程也是从兴趣小组、余暇活动中脱胎而来。在深化课程改革、推进课程发展的趋势下，活动课程是需要作出政策调整和制度规范的一个重要方面，也是学校课程发展中要作出梳理和改进的一项主要任务。

目前，澳门的活动课程，分为余暇活动和潜能发展两个部分。

其一，余暇活动，根据《课程框架》的定义，是指由学校组织及安排，或由学校和校外其他机构协作举办的活动。它是教学活动以外的另一类教育活动，旨在根据不同基础的学生需要，充分发展其潜能、个性及各种有益的兴趣，促进其全人发展及自我实现。

由此可见，余暇活动的作用、功能着实不可小视。余暇活动被计入教育活动时间。教育部门还规定小学、初中、高中各教育阶段余暇活动的时间总和，分别不低于 14 240 分钟、7 040 分钟、6 240 分钟，如果以 5 学日为一周，一节课 40 分钟，转换在课程计划表应为每周不少于 2 节。从上述规定可以看出，余暇活动已不再是“余暇”的概念，应该是学校正规教育课程体系的必要组成部分，属于活动课程范畴，与学科课程一起构成了完整的课程体系。所以，“余暇活动”应改为“活动课程”，并予以精准定位。

活动课程既然是课程，并且主要由学校开发，那么学校须制定课程的目标及计划，作为整体课程教育目标及学年教育活动计划的一部分；学校应调用各种适用的教育资源，使开设的活动课程尽可能多样化，以满足学生多种需求；同时，研究建立活动课程的评核标准，正确引导学生达到相关要求，而对现行的“余暇活动的评核结果不得作为学生升留级的依据”，则需要进行商榷。

其二，潜能发展本应该属于活动课程，现在单列一项，而且不归入教学计划，指在教学时间之外针对一部分学生开展的活动。说是潜能发展，其实是单项拔尖。这种活动冠以“潜能”，显得过于狭隘。因为在课程序列要素中，对学生的潜能开发，可以说是无处不在，并不是某项或某科的特别任务。活动课程与学科课程一样，都具有开发学生潜能的共性。

余暇活动和潜能发展活动，都属于活动课程，没有必要分设，完全可以也应该将两者合而为一，明确形成课程结构中与学科课程相辅相成的活动课程板块。

现有学科课程与活动课程教学时间之比，存在严重失调的问题。

如小学教育阶段 274 480：14 240，初中教育阶段 149 640：9 440，高中教育阶段 145 080：6 240。鉴于这样的时间总量，需要适当增加活动课程比重，建议小学每周开设 4 课时，初中每周开设 3 课时；高中因在教学计划表中，已专门列明在教育阶段的总分钟数内，包括不少于 27 840 分钟数的选修科目时间，可以不再增加。在活动课程的内容项目上，更应该体现课程的功能与作用，既要丰富多彩，也要分层选修，使活动课程真正地“活”起来、“动”起来。

只有多样化的课程，才能孕育灿烂生命，才能体现课程的发展。学校与教师，在“活”“动”起来的课程中，必然得到成长，不断增强对课程的理解，逐步提升对课程的领导水平和研发能力。学生也得益其中、幸福其中。

第四节　视野，从本土融汇世界

澳门非高等教育的课程，从本土融汇世界，必定成就中国澳门的课程格局。

面对世界发展形势百年未有之大变局，教育特别是课程的变革势在必行。

如果我们还停留在用过去的方法教陈旧的内容，就不可能培养出明天的孩子。世界改变了，我们的学校及学校的课程，不可避免地会发生改变，包括课程目标、课程功能、教学内容、教学方式等，都面临着重大变化，以不断适应未来发展。

本土就是“接地气”。澳门非高等教育的课程及其发展，带有自身浓重的本土特色。它既不同于港台，也不同于内地。澳门的课程本身，首先是属于澳门的。它必须符合澳门社会经济发展需要，符合澳门历史文化实际，从根本上体现澳门教育的本质。

历史上澳门是一个华洋杂居之地，除占多数的中国居民之外，还有部分来自东南亚等地的华侨、华裔，以及少数葡人及土生葡人。他们各自有着不同的文化生活和风俗习惯，反映在教育上，他们的需求也存在差异。如何满足并遵循其不同的需要，语言政策、课程设置、教材使用、考试评估等，都是澳门课程改革与发展需要考虑的“接地气”问题。

澳门的“三文四语”语言教学政策，以学段为计算时数的课程计划，学校享受充分的教材选择权，并且全澳门没有统一升学考试，包括没有统一中考、高考以及毕业水平测试等，这些涉及课程制度中的典型情况，反映出澳门不同于其他地区的经验做法。澳门的多语言学习，在绝大多数中文学校表现为以中文语言掌握为根本，通过中文语言学习，深入学习中国文化、扎根中国文化，形成中国文化的生命底色。同时，也学习葡文或英文等不同的外来语言，了解不同文化与思维，使学生拥有国际理解能力。毋庸置疑，这是符合澳门实际、针对澳门未来的最佳选择。

课程发展要顺应适度多元的经济发展需要，及时应对未来人才结构的挑战。贺一诚行政长官及新一届特区政府把握国家“十四五”规划和战略机遇，在“世界旅游休闲中心”及“中国与葡语国家商贸合作服务平台”等发展定位上，尤其在精彩绽放的“横琴粤澳深度合作区”建设上，澳门都因应自身能力和优势，精准发力，谋求区域深度合作和协同发展，大力培育发展科技研发和高端制造、文旅会展商贸业和中医药大健康、现代特色金融等新兴产业，在促进经济适度多元发展、持续改善民生、实施人才战略等方面取得积极进展，成为“一国两制”实践的新示范。

澳门的经济发展，长期以来比较单一，以博彩业为龙头的经济发展模式显得尤其脆弱。虽然近年澳门在会展业、旅游业、金融业、酒店及餐饮服务业等方面有所发展，但博彩业一枝独大的状况还未从根本上扭转。在这次突如其来的新冠肺炎疫情面前，更暴露出它的致命弱点与沉重痛点。究其原因，一方面与澳门原有的经济基础有关，另一方面也反映出澳门的经济人才颇为稀缺。

高中毕业生高考升学的取向，普遍比较务实，考虑眼前就业的多，着眼长远发展的少；选择人文性学科的多，报考理工类方向的少。这都需要学校进行正确的引导，加强生涯规划与指导，体现在课程教学上，应包括优化课程目标与结构、调整教与学的方式与策略、改进课程教学评估与反思等。让学生对未来选择有正确的认知、体悟与把握，可以从澳门发展定位和国家发展战略中，有前瞻性地选择、报考专业，为将来适应社会，寻求创新创业契机，作出积极准备。

未来的课程发展走向，适合自己的，才是最好的。澳门非高等教育的课程，在目标、结构、内容、组织等方面，大胆地借鉴当今世界上的先进经验，从本地实际出发，抛弃了一些课程设计与实施中的僵化做法，建构基本框架，为课程发展创造了良好的基础。

随着现代科学技术的迅猛发展，跨学科的 STEAM 等课程呼之欲出，集科学（Science）、技术（Technology）、工程（Engineering）、艺术（Art）、数学（Mathematics）多学科融合的综合教育课程，从线下课堂到在线教学，从技术赋能到系统重塑，包括人工智能（AI）程序设计教学等诸多现代课程元素正纷至沓来，显示课程再生及自我修复能力。这就需要我们对课程结构作出新的调整。

课程改革与发展，是课程与教学、教师与学生、社会与环境等各方面相互作用的“完整的教育文化”，是一项全方位的系统工程。当前，由上而下、由下而上的认知与实施，还有待进一步深入，特别是对课程实施的评价与改进，存在后力不济的情况。例如，教学行为中陈旧的教学模式、机械的授课方法，往往与先进课程理念大相径庭。尤其在人文主义新教育思潮影响下，与创新课程思想相适应的教学方法迭代更新，主题、探究、合作、统整、融创等不一而足，为课程发展的多样化提供了极大空间。

学校过于强调“私立”概念，也不利于课程的发展。“私立学校”传统思想与课程发展的现实需求之间，客观存在着深层次的矛盾，也会在一定程度上制约课程改革与发展。其实，在十五年免费教育、全额接受政府资助的现状下，私立学校的“私立”成分已所剩无几。虽然澳门的私立学校有它产生的历史原因，但也应该深入思考与探讨现行私立学校制度的合理性。长远来看，进一步明晰私立学校的产权属性及其责任与义务，会更有利于澳门非高等教育的现代化建设和高质量发展。

在新时代下，未来澳门非高等教育的课程发展，将继续肩负培养“一国两制”伟大事业接班人的教育使命，形成中国澳门的课程格局。它不是单一的，更不是一统的，也不会是被某一标准杜撰出来的，而是在对学校教育及其课程教学规律深刻把握和灵活运用过程中的感知与塑造。

不同的教育实践，会造就不同的学校；不同的办学传统和文化内涵，也会铸就不同的教育精神。这也许需要我们从教育的大课程观出发，加以深入讨论。

第五节　对推进课程发展的问题探讨

全球数百位顶尖科学家精心搭建复杂的数学模型，以类似摩尔定律的多重演算，得出结论：人工智能或将在2040年达到普通人智能水平并引发智力爆炸。

我们现在的教育对象，在二十年后将处于世界舞台中央。

那么，教育及其课程，准备好了吗？

一、课程价值深思考

澳门非高等教育的课程价值，不仅仅在于建立，更应该继续完善，关键是要让课程价值转化为教师的自觉行为，助力推进课程改革与发展。

在确保教育整体质量和人才素质培养的同时，还须保持澳门教育传统中的多元化样态。这一点需要引起我们的格外关注。

特区政府对课程的决策领导，不是有法律赋予权力，就可以高枕无忧。何况澳门的学校和师生面对的社会境况、历史背景、生活状况尤为复杂，需要考虑多种多样的情况，对可能影响课程改革的各种因素，应及早予以通盘考虑，并逐步化解，确保课程共策机制发挥效能。

作为学校和教师，在遵守最基本的澳门《课程框架》及“基本学力要求”前提下，拥有本校课程的最后决策权，制订校本的课程改革方案，从而使以弘扬爱国爱澳精神、培育核心素养为中心的课程价值取向得到最优化发展，使课程计划可以顺利实施。

澳门持续推进课程改革，需要直面课堂、直面教学。只有发生在学校、发生在课堂的课程，才真正具有课程的价值。

例如，面对每个真实的生命个体，关注个体的不同，菜单式定制课程设置、学生自我认知与生涯规划课程指导、个别化教学制度等，都应得到重视。

又如，面对真实的社会生活，超越学科边界，师生以项目式、主题性等学习方式，在真实的社会环境中学习运用知识来思考、解决问题。

未来的校园是有书卷气的学习活动基地。优质教育不可能是粗放型的，一定是精耕细作的，注重学生个性发展，注重培养他们的社会责任感。

只要学校与教师，基于这样思考与行动，逐步积聚基础和力量，相信未来的澳门非高等教育课程，必定会让“政府的课程”越来越接近“学校的课程”。学校也更能从容地从基准出发，更好更快地走向多样化、个性化的发展。

二、教材审定是路向

教材的发展，不仅是历史与逻辑的统一，也是知识内容与表现形式的统一，还是教学目标与教学内容的统一。课程与教材的选择应该包括四个基本环节：一是确定课程价值观，回答“什么是受过教育的人”；二是确定课程目标，这是课程价值观的具体化，表明“培养什么人”；三是确定课程与教材选择的基本关系，即学科知识、社会生活经验、学习者经验之间关系；四是确定教材内容，确定与特定课程价值和课程目标相适应的教学要素。

这表明，教材的认定与选择，具有一体两翼的属性。它们都必须符合课程价值指向，必须符合学科知识、社会生活经验和学习者经验之间的关系。

当前，澳门的课程经过多年的努力，已经建立了具有自身特点的课程体系，有着自己的课程价值观和课程目标。但是，教材良莠不一的现状给实现课程目标和体现课程价值带来很大的制约，甚至使课程目标和课程价值出现不少偏差。

针对这种状况，澳门建立并实施教材“有限认定制”，符合课程改革走向优质教育的需要，也是各版本教材对当地课程制度的一种尊重与服从。

及早从“认定制”过渡到“审定制”，将会更有利于澳门的课程发展。因为现状下的教材编制采用的“编审合一”，显然是勉强之举。严格地执行教材“审定制”，是允许市场进入的，但必须按照澳门《课程框架》及“基本学力要求”进行编制，不但可审评，可选择，还可竞争。

课程是个系统，教材也是个系统。在课程结构稳定运行后，相应的课程内容，即教材，需要从单一学科中走出来，形成系统化。对敏感的核心教材重点把握，对一般通用的教材在通盘规划下，逐步研发。可由特区政府教育行政部门牵头，或引入第三方，专责执行。教材审定的根本原则，必须坚持澳门课程爱国主义教育核心价值观，以求学科知识和澳门社会实际及学生学习经验的统一。

从当初单文经提出“教材多元并存”，到郭晓明认为“教材有限度认定”，是教材制度从研讨走向实行的过程。但如果以发展的观点审视，教材研制中现行的“编审合一”，只是在当前社会文化情形下的采用方式。从教材发展规律看，只有“编”与“审”统一对标，各司其职，才更有利于教材建设。

澳门将来可以发展“教材审定制”，即围绕教育准则与教学基准，由特区政府组织审定，教材在通过审定后供学校选用。这对深度激发教材市场活力，促进教材市场的公平竞争，建设、形成澳门教材体系化格局，具有重要意义。这也许正是澳门教材制度发展演进的路向。当然这还有很长的一段路要走。

我们建议，在澳门教育及课程制度、教材制度趋向基本完善的背景下，将来无论是内地高等院校，还是澳门本地高等院校或邻近地区大学，凡在澳门招收高中毕业学生，包括澳门本地大学“四校联考”，都应该以《课程框架》及“基本学力要求”为标准，以认定使用的教材教学为基础，以学生发展性评价为指向，使得“教有所依，学有所得，评有所据”，突出“以基准为准”的底线思维。

坚持以目标为指向和适度发展“以本为本”的检测，对于澳门非高等教育科学实现优质教育“质”的提升，大有裨益。

三、教师发展再出发

教师的未来，决定了课程发展的未来，也影响学生成长的未来。

目前澳门教师持续教育的任务主要由澳门特区政府教育暨青年局主导并组织，多由澳门大学承担，以教育学院为主，同时社会团体，如澳门中华教育会、澳门天主教学校联会等，以及私立大学，如澳门城市大学、圣若瑟大学等，也承担了部分培训任务。但由于理论研究者和教学实践者角色有所不同，客观产生管理范畴、运行机制和文化语境的差异，导致教育理论与教学实践之间存在落差。这种现象不得不引起我们的重视。因此，我们建议：

1. 高教与非高教伙伴合作

应充分利用当前特区政府行政机构合并的有利条件，打通高等教育与非高等教育之间的壁垒，建立伙伴合作关系，大学教育学院尤其应该为中小学及幼稚园新教师培养和有经验教师继续发展服务。

譬如，建立定期会晤制，及时了解学校需求，并予以沟通与帮助；建立合作小组，共同承担实习生培养、教育研究甚至学校某项课程教学改革等职责，将“培养—培训”连接，从教师终身学习的角度，将一次性、终结性教育变为连续性教育；可以把在职培训作为更换教师资格证书的前提条件，从而建立澳门教师连续性、一体化、终身化的专业发展体系。

2. 加强校长的课程领导力

在澳门当前教育格局下，校长对课程的领导力，显然尤为重要。新时代学校是在原有学校的基础上变革发展起来的，既要继承传统，又要重新定义传统，以确保学校办学紧跟时代步伐。

自 2011/2012 学年起，澳门特区政府教育暨青年局举办学校领导及中、高层管理人员储备人才培训课程，至 2016/2017 学年，两项培训累计共有 754 名相关人员参加，以确保相关人员在就任前得到必要的专业培训，促使其发挥专业的领导和行政才能。

为加强学校领导对教育新趋势及国情的认识及掌握，使其更好地带领学校课程建设与教学改革，澳门特区政府教育暨青年局几次组织校长赴国家教育行政学院进行为期五天的封闭式培训。

这些举措，有利于提高校长及其后备力量的领导力。

学校组织建设应以教学为中心，而我们当年所学的教育学，多是缺乏现代课程观的教育学。现代课程发展迅速，由此说来，培养建设高层次的学术型校长，任重道远。特区政府无论在组织领导、培训课程，还是师资保障、实际效能等方面，都要长远谋划，并进行具体规划与推进，特别是关于课程领导力、执行力的培训，对于深化课程改革、实施课程准则，有着重要的作用。

3. 组建教研专责机构

一直以来，澳门缺少专责教研机构。常常依托大学或外地的教育科研人员或“内地优秀教师来澳交流计划”，统筹、组织、实施课程教学教研工作。这虽然不失为一种途径，但是对目前深入推进课程教学改革、培育形成一支学科骨干力量，特别是具有区域影响力的学科带头人或者名、特、优的品牌教师，引领澳门的课程学科建设与发展，有一定的局限性，也多了依赖性，不利于本地教师在专业上的快速、高效成长，也不利于本地教师更好地在大湾区建设中开展教育合作，促进共同发展。

长期以来，澳门教师习惯于讲授别人编写的教材。如香港出版的教材，连参考书都一应俱全。教师的专业能力发挥，在一定程度上受到很大的限制。有一些校长治校也往往缺少自我求变、自我突破的精神。这固然有其长期以来的惯性，但也有不知从何做起、做强的思路局限。

如果学习、仿照内地的有效做法，由特区政府教育行政部门或委托第三方，负责建立澳门本地的教研中心，或许也同样适合澳门需要。教研中心重在发挥业务功能，集课程、教研、师训与质量检测等于一体，具体指导学校和教师推进课程深层次改革，从目前教师培养的“输血”转变成“造血”，相信将会对教师的专业发展产生积极作用。

四、教学改革成关键

世界上曾有过多少次课程改革，但几乎多难逃“轰轰烈烈开幕，凄凄惨惨收场”之厄运。

这当然有其复杂原因，值得我们关注的是在诸多课程改革中，往往存在“重理论揭示、轻具体描述，重框架建构、轻实际操作，重课程样态、轻课堂变革”种种现象。只有将课程设计、课程方案等文件，最大限度地转化为课程实践、教学范式，课程改革才会转变为生产力，才会具有生命和意义。

当前，澳门非高等教育的课程改革，面临新形势下如何进一步深化的新课题。与任何教育改革都见诸学校一样，任何课程改革都必须落实在教学。因为，教学改革在人才培养中处于核心地位，教学改革直接关系到课程改革的成败。我们的思考是：

1. 教学改革，要坚持以核心素养为导向

郭晓明在关于澳门的课程评价中，曾明确提出核心素养作为课程“内核”，以渗透的方式融合于课程的观点。①

这给新阶段进一步深化课程改革，带来新的思考。从“核心素养”与“课程教学”这两者的关系来看，应该以核心素养为导向，融合于课程，体现于教学，而非由“核心素养”来推导全套课程。澳门课程改革的深化，要运用“核心素养”理念，围绕课程要培养的“关键能力”“核心品格”，提升各教育阶段相关科目“基本学力”，建立以培养核心素养为目标的教学及其研究机制。

2. 教学改革，要继续加强学科实践

以核心素养为教学目标追求，改变教与学的方式，从根本上实现学生“学习主体”的回归。

教师加强学科实践，要站在学生立场，尽可能对教学内容作出结构化处理，以有利于学生学会主动地学习。

加强学科实践的关键，在于教学内容结构化。教师要以分析解决

---

① 郭晓明：《核心素养与澳门非高等教育课程框架的改革》，《澳门研究》2016 年第 4 期。

实际问题为目标，将教学内容进行核心化处理，如“大单元”“大概念”“大任务”等；然后转化为“引领性学习主题”“挑战性学习任务”和“持续性学习评价”三个行动，通过发挥学生主体作用，超越单纯的知识学习，运用方法理解学科本质，以形成本学科核心素养。

3. 教学改革，要适度推进综合学习

综合性学习，是落实核心素养的重要途径。

学科内部的整合，常常可从内容入手，重新搭建知识结构，反映在应用方法上，表现为对知识的探求和解决问题的能力。

跨学科学习，要以多重观点来探讨概念，建立多个学科领域之间的联系，追求对知识和经验相互关系的丰富理解。这种学习体现了综合性课程的优势。

如此，我们不妨将现有的独立学科，划出约占其 15% 的课时时数，开展跨学科综合学习活动，在开放的、合作的、探究性学习中，让教学从个体学习走向共同学习。因为，它的教学属性与内涵，会远远超过一般的教学。

这对于培养学生沟通、合作、发现与解决问题以及批判性和创新性思维方面的素养，形成正确价值观念，促进形成关键能力与必备品格，有着重要的促进作用。

习近平主席关于港澳工作的历次讲话，都深刻指出，广大港澳青年不仅是香港、澳门的希望和未来，也是建设国家的新鲜血液。

粤港澳大湾区是我国开放程度最高、经济活力最强的区域之一，在国家发展大局中具有重要战略地位。在共融共管、创新驱动战略导引下，大湾区正在焕发出协同创新的新动能。

未来，为青少年成长指明了方向，也为青少年发展提供了更为广阔的空间。

我们要着眼于澳门未来社会经济发展所需要的人才规格，立足于当前学校的课程教学，恪尽职守，教育培养“有理想、有本领、有担当”的青少年，使之将来更好地投身国家发展，服务澳门建设，抒写青春的新篇章。

主要参考文献

［1］Allan C. Ornstein, Francis P. Hunkins, *Curriculum-foundations, principles, and issues* (Boston: Pearson Education, 2004).

［2］John S. Brubacher:《现代教育哲学》，党士豪译，（台湾）正中书局，1973。

［3］B.C. 列德涅夫：《普通中等教育内容的结构问题》，诸惠芳、余方译，人民教育出版社，1984。

［4］井上弘：《教材结构化的逻辑与策略》，钟言译，《外国教育资料》1991 年第 2 期。

［5］贝磊、古鼎仪主编《香港与澳门的教育与社会：从比较的角度看延续与变化》，（台湾）师大书苑有限公司，2005。

［6］蔡清田：《课程发展与设计的关键 DNA：核心素养》，（台湾）五南图书出版有限公司，2012。

［7］陈志峰编《路漫修远 上下求索——澳门教育论文集》，中国社会科学出版社，2013。

［8］戴定澄：《音乐教育在澳门》，澳门日报出版社，2005。

［9］邓开颂、黄鸿钊、吴志良主编《澳门历史新说》，花山文艺出版社，2000。

［10］冯增俊：《澳门教育概论》，广东教育出版社，1999。

［11］冯增俊：《澳门基础教育新世纪走向的若干思路》，《教育导刊》2002 年第 1 期。

［12］人民教育出版社、课程教材研究所编著《澳门教材 · 试行版 品德与公民 教师教学用书 初中 一年级 上册　自我与朋辈》，人民教育出版社，2009。

［13］郭晓明：《课程结构论——一种原理性探寻》，湖南师范大学出版社，2002。

［14］郭晓明：《我国澳门课程改革：背景、使命与构想》，《课程 · 教材 · 教法》2005 年第 4 期。

［15］郭晓明：《核心素养与澳门非高等教育课程框架的改革》，《澳门教育》2016 年第 4 期。

［16］郭晓明：《澳门回归二十年教育改革的法规构建》，澳门启元出版社，2019。

［17］郭晓明、王敏：《澳门回归以来教育发展与经验》，澳门启元出版社，

2019。
[18] 郭丽丽:《澳门新一轮课程改革的背景、特点及反思》,《广东教育学院学报》2010年第1期。
[19] 顾明远:《教育大辞典(增订合编本)》,上海教育出版社,1998。
[20] 古鼎仪、马庆堂编《澳门教育——抉择与自由》,澳门基金会,1994。
[21] 黄启臣:《澳门通史》,广东教育出版社,1999。
[22] 黄素君、吴娟:《澳门教育革新之路——浅析澳门校本课程的发展》,《西南大学学报(社会科学版)》2010年第2期。
[23] 贺诚:《教育协同:基于母语文化的澳门课程改革与实践——以澳门教业中学为例》,《人民教育》2019年第24期。
[24] 贺诚:《爱国教育,澳门课程建设的核心价值》,《光明日报》2020年1月21日第15版。
[25] 贺诚:《构建本土化的现代课程体系:澳门的抉择与实践》,《中小学管理》2020年第6期。
[26] 刘羡冰:《澳门教育史》,人民教育出版社,1999。
[27] 廖哲勋:《课程学》,华中师范大学出版社,1991。
[28] 廖哲勋、田慧生主编《课程新论》,教育科学出版社,2003。
[29] 吕达等:《独木桥?阳关道?——未来中小学课程面面观》,中信出版社,1991。
[30] 李向玉、谢安邦:《澳门现代高等教育的发轫——东亚大学的创立和发展(1981—1991)》,高等教育出版社,2017。
[31] 老志均:《澳门教育——人物、学校、课程与语文教学》,(台湾)师大书苑有限公司,2016。
[32] 缪鸿基、何大章、雷强等编著《澳门》,中山大学出版社,1988。
[33] 苏朝晖:《教育改革的脉络》,《行政》2003年第3期。
[34] 苏朝晖、梁励、王敏:《澳门课程改革的背景、取向与展望》,《全球教育展望》2009年第5期。
[35] 石中英:《教育哲学导论》,北京师范大学出版社,2002。
[36] 单文经、杨秀玲、张国祥等:《澳门非高等教育课程的检视与改革路向》,澳门特区政府教育暨青年局委托项目报告,2007。
[37] 单文经、黄素君、宋明娟:《三十年来澳门地区课程政策的理论反思》,《西南大学学报(社会科学版)》2009年第4期。
[38] 单文经、林发钦主编《澳门人文社会科学研究文选·教育卷》,社会科学文献出版社,2009。
[39] 单中惠主编《西方教育思想史》,山西人民出版社,1996。
[40] 王志伟、杜艳:《中学历史教材对文化认同教育的影响》,《基础教育课程》2019年第1期。

[41] 温学权、杨珮欣主编《会史留声：澳门中华教育会口述历史》，澳门理工学院，2015。
[42] 肖远军：《教育评价原理及应用》，浙江大学出版社，2004。
[43] 钟启泉：《现代课程论》，上海教育出版社，1989。
[44] 张华：《课程与教学论》，上海教育出版社，2000。
[45] 张伟保主编《澳门教育史论文集（第一辑）》，中国社会科学出版社，2009。
[46] 张国雄、冈虎、张运华等编著《澳门文化源流》，广东人民出版社，2005。
[47] 郑振伟：《1940年代的澳门教育》，中国社会科学出版社，2016。
[48] 朱鹏：《延续与创新：澳门〈非高等教育制度纲要法〉述评》，《全球教育展望》2007年第9期。
[49] 朱永新：《未来学校：重新定义教育》，中信出版社，2019。

附录　苏朝晖局长访谈录

时间：2019 年 10 月 15 日
地点：澳门特别行政区澳门半岛果亚街 105 号龙成大厦 7 楼
访谈对象：苏朝晖（时任澳门特区政府高等教育局局长，曾任澳门特区政府教育暨青年局局长）
采访人：贺诚

贺：回归二十多年以来，澳门特区发生着翻天覆地的变化，显示出兴旺发达的景象，成为“一国两制”成功实践的典范。苏局长，您参加教育工作三十多年，又跨非高等教育和高等教育两大部门任主要领导职务，在确立澳门教育法制建设方面发挥了重要作用。请问您对澳门教育发展变化最深的感受是什么？

苏：自 1989 年起，我一直在教育部门工作，从助理技术员逐步晋升，历任组长、处长、厅长、副局长，至 2003 年担任澳门特区政府教育暨青年局局长，2011 年转任高等教育辅助办公室主任，可以说经历了澳门回归前后这个特别的历史时期。澳门回归祖国以来，遵从“一国两制”方针，特区政府积极作为，社会和谐稳定，经济成就非凡。经济增长的结果是民生得到很大改善，社会福利、文化教育、医疗卫生等各方面，都为澳门居民所满意。就我服务范畴，不论是高等教育还是非高等教育，回归后都有长足发展，相关制度全面调整，教育法规逐步完善，教育面貌发生了根本性变化。

非高等教育实施从幼稚园至高中十五年免费教育，高中毕业生升学率达九成以上；澳门就业居民拥有高等教育学历的百分比，从回归前的11%，上升到现在的40%，也就是说每10个澳门居民劳动人口中，就有4位拥有高等教育学历，达到亚洲先进国家地区水平。

澳门社会经济迅速发展，使整体提升居民综合生活质素成为时代主题。在这一主题下，人们对优质教育的愿望，无论在当时或是现在，自然都很迫切，并且越来越强烈。

实现优质教育，需要有一整套教育制度作为保障，这是澳门教育发展的一个基础性观点。它不仅是由制度变革在教育变革中地位所决定的，也是由澳门教育自身发展的历史轨迹所决定的。

优质教育是由多方面因素共同促成的。比较容易被人们所注意的是物质和技术方面的投入与改变，还有教师、管理者等人力方面的改善。与这些相对外化的因素相比，教育制度影响虽较隐蔽，但具有整体性，更显示根本性，决定了教育改革与发展方向。这类似在经济发展中，有经济学家甚至将制度安排视为推动经济发展的内在动力，是个内生变量，起着决定性作用。

所以，澳门回归以来教育发展的关键变化，是特区政府坚持“教育兴澳、人才建澳”施政理念，逐步建立并完善了教育制度的法律保障体系。特别是2006年，澳门颁布《非高等教育制度纲要法》，让青少年获得非高等教育的权利得到了法律的保障，明确了教育不单单是学校责任，而且是家庭和全社会共同的责任；2017年，澳门通过了新10/2017号法律《高等教育制度》，更好地规范高等院校运作，支持高等教育多元化发展，加大财政投入，提升办学综合水平。这些法案，都是澳门教育法制建设的重大成果，为澳门教育发展提供了基础性价值目标和根本性法律保障。

我们可以列举一组数据，如今澳门对教育的开支达到年度开支的15%。而在回归前，政府在教育方面的财政开支不足本地产值的2%。2019年，澳门非高等教育开支是90亿澳门元，接受教育学生7万多人，平均每个学生超过10万澳门元；澳门高等教育开支是43亿澳门元，接受教育学生3万多人，平均每个学生的政府投资超过10万澳门元。

何厚铧特首曾提出，不允许有孩子因为经济困难而没有念书的机会，推进了澳门从幼稚园直到高中教育阶段的免费教育实施。后来崔世安特首提出，要解决经济困难家庭学生接受高等教育的问题，所以澳门特区政府高等教育局、澳门特区政府教育暨青年局、澳门基金会等都给了不少奖学金、助学金，极大地提升高等教育的大众化程度。

所以，回归以来，特区政府不遗余力推动教育法制建设，努力实现教育公平，提高教育质量，包括推动十五年免费教育实施，建立"教育发展基金"，促进课程教学改革，同时创设多元化机制，培养师生爱国爱澳情怀，促进学生全面发展。

贺：您是回归前后澳门非高等教育制度重建的亲历者，也是推动实施课程改革的领导者，您能谈谈当时教育法制建设的背景情况吗？

苏：长期以来澳门教育制度没有系统的制度设计和法定的制度文本。直到1987年中葡联合声明发表，积压已久的教育问题日益引起政府和民间的共同关注，澳葡当局才着手制定教育制度。

1991年，《澳门教育制度》颁布。该法律主要还是延续了葡萄牙教育精神，坚持了一些重要的教育理念，也提出关于学制、课程的统一要求，特别是强制性推行葡萄牙语语言政策，并与免费教育津贴挂钩，引发很多争议，遭到民众强烈反对。当时就有澳门中华教育会与澳门天主教学校联会破天荒发表两会联合声明。后来，该法规经过长时间的讨论，最终直到回归前，才算基本建立起一个教育制度。

这就成为特区政府成立后，首先要面对的制度性规范问题，也是澳门回归初期教育要做好的转换工作。因此，回归后，“一国两制”下澳门教育向何处去、怎样去，就是我们制定《非高等教育制度纲要法》的基本考虑。

这是特区政府赋予教育的使命，以爱国爱澳的社会核心价值，寻求教育价值最大公约数，画出特区发展最大同心圆。

踏入21世纪，澳门特区社会经济发展新定位确立，教育理论和科技知识有新的发展，教育事业的发展也势在必行。一方面，国家实行的是“一国两制”、“澳人治澳”、高度自治的方针，需要培养更多爱国爱澳的优秀人才；另一方面，澳门面积小，产业单一，人力资源就是最大的资源，教育是建设和发展澳门最重要的工作。因此，有必要对供应人才、影响未来社会的教育制度作出检讨。

特区政府在2002年度施政方针中，特别提出“评估澳门教育制度”，并计划在2003年底进行修订；教育委员会也成立由常设委员会成员组成的工作小组，跟进检讨教育制度工作；年内共举行了16次会议，对教育制度法律各个组成部分进行了深入而详细的讨论，为制定教育制度修改建议打下了良好的专业和民意基础。

2003年6月，澳门特区政府教育暨青年局提出澳门教育制度修改建议，公开向民众征集意见。它以“持续进步，发展有道”为题，是教育发展稳中求变的重要策略指引，意思是在力求发展的同时，时刻保持对澳门教育发展路向的探索，不跟风，务求实，立足当前，放眼未来，致力提高教育质量。

因为这次教育制度法律的修改，关系到全澳年青一代的成长，关系到澳门未来社会发展。我们渴望能更全面和深入地了解民众的意见，先后面向各类对象举办10多场讲解会，征询了500余项意见，期待修改的结果惠及下一代，最终把澳门建设得更进步、更美好。

贺：教育制度修改目的，是为了迈向优质教育。我研读过您当年发表在澳门《行政》（2003年第3期）上的《教育改革的脉络》一文，觉得这是从澳门非高等教育制度层面，为进行课程改革作出设计，请您说说这方面考虑，如何实现优质教育呢？

苏：当年检讨教育制度的建议文本，终极关怀是落在学生身上，本于四个理念：全面教育、终身学习、多元发展和素质提升。在修改教育制度内容上主要是以提升学生素质为目的，增加时代发展的新的元素，修改了不合时宜的内容，从而解决过去所遇到的各项教育问题，为将来教育发展创建新道路，培养人才，配合整体社会的发展。这里包括重新定位政府职能以确保全社会的教育公平，完善教育机构的管理体制，规范教育市场的作用并明确学校法律地位，切实保护公民平等受教育权利，用弹性化课程制度安排保护教育自由，为教师法律地位和政府管理学校提供实体法的保证等基本的教育发展思想。

从促进实现优质教育的角度，主要有这样一些制度安排。

第一，重构教育目标。教育目标有教育总目标及各教育阶段目标两个层次。总目标是教育的理想，关系到培养什么人的方向，指引教育活动开展，以列举的、较概括的概念方式展现；各教育阶段目标以相对较具体、明确的表达，再透过课程领域或学科教学目标予以反映，直至对应“基本学力要求”的每一教节目标，具体地去达到上层目标，体现目标的系统性、延伸性。

第二，调整教育系统。非高等教育分为正规教育和持续教育两大类，并清晰界定各自范畴，其中调整正规教育中的学制，将幼儿教育和高中教育均改为三年制，统一实行“三六三三”学制，更合乎澳门高等教育及邻近地区学制。其中，年龄介于3到15岁的儿童和青少年须接受义务教育，就读于免费教育学校的可享受免费教育。后来，政府又将免费教育范围扩大至从幼稚园到高中教育阶段，成为为数不多的十五年免费教育地区。此外，为减轻高中毕业生升学压力，还将举行标准化学能考试，可衔接上澳门高等教育，于是有了后来的“四校联考”。

第三，在教育经费投入和教育资源分配方面，成立“教育发展基金”，改进特区政府教育经费使用方式，根据招生人数、办学规划和办学成效等因素，提供专项教育资助，促使学校稳定发展并办出特色。同时由于教学人员在教育工作中尤为重要，因此特区政府鼓励教师专业发展，制定适用于澳门的教学人员职级制度，包括人员属性、职阶、入职、离职、考评、晋升等方面的基本要求，并调升教学人员津贴发放方式，使私校教师们拥有较合理的教学条件，促进专业发展。这就是后来3/2012号法律《非高等教育私立学校教学人员制度框架》出台的缘起。

第四，课程与教学的改革是实现优质教育目标的一大关键。各教育阶段的课程发展需要由特区政府以地区课程标准形式作整体规划。在尊重教与学自主和各办学机构办学理念与特色的前提下，各教育机构可以自行规划发展其校本课程。但是全澳需要有课程教学的基本要求，在课程教学过程中，透过教学方法与学生评核的多元化，确保以课程教育目标为依归。后来制定、颁发的《课程框架》及“基本学力要求”两项法规，就是鉴于这样的安排。

第五，学生多元化的评核非常重要，优质教育最终体现在学生的成功与发展。当时已经有所考虑制定学生综合评核的制度文本，要从过去侧重量化、等级和决定升留的模式，发展到检视学生能否达标。评核的内容不单只是智能方面，而应包括情意及态度等，形式要多样化，尤其要重视形成性评核，着重搜集学生学习过程中的讯息，根据所得到的结果讯息，教师既可以改进教学和修正课程，也可以真切了解学生学习情况从而加以辅导，促进学生成功学习，达成目标，以确保澳门教育整体质素。

贺：制定教育制度及其课程政策，有一个毋庸回避的核心议题，是培养什么人的问题。澳门回归祖国后，要建立适应“一国两制”的新教育体系，从教育制度及课程政策上，是如何重新界定并保障实现教育目标的？

苏：根据澳门非高等教育制度变革的价值原则和发展方向，在课程改革上，教育目标无疑是必须重点反映的核心议题。

教育目标是一切教育活动的根本依据，尤其是对课程具有决定性的影响。教育目标的偏差往往会导致学校教育不能满足时代的要求，甚至使教育活动出现方向性的失误。所以，“一国两制”教育目标无论在教育制度还是在课程政策的制定上，具有极其重要的地位和作用，应该以恰当的理念作为指导，审慎对待。

因应社会和时代变迁，澳门的教育目标必须突出澳门区域特点与时代要求，必须经得起未来发展考验，才能在实践中显示其活力。它所遵循的理念，立足全人发展，应该是：

体现人发展的整体性。不以知识教育为唯一目标，而重视人的整体发展，主张教育是为了使学生提高全面素养，促进个性发展，养成健康的生活方式。

体现强烈时代性。随着资讯科技时代的到来，教育必须使学生养成终身学习能力，具有创新精神、批判意识和运用资讯科技的能力。鉴于澳门已回归祖国，教育则更应强调促进学生对国家和社会的认同与责任感。

体现鲜明地域性。充分考虑澳门自身特点，文化富有多样化和历史内涵，教育要促进学生对以中华传统文化为主流、多元文化共存的理解，这是制定澳门教育目标需要考虑的一个重要因素。

体现各教育程度的特殊性。教育目标考虑到不同年龄阶段学生的身心发展各有特点，所以特别明确了各教育阶段的教育目标，以充分反映不同教育阶段特殊要求。后来正式颁布的《非高等教育制度纲要法》，就确定“致力培养及促进受教育者爱国爱澳、厚德尽善、遵纪守法的品格，使其有理想、有文化及具备适应时代需求的知识和技能，并养成其健康的生活方式和强健体魄”等指向，进而再在各个教育阶段，特别明确提出在促进学生对国家和社会的归属感与责任感、提高学生全面发展的素养等方面的相关要求。

特区政府从政策、法规、措施、资源等各方面，推动全社会正确认识、践行“一国两制”伟大事业，处理好宪法与基本法的关系，教育界共同努力，主动配合特区政府做好工作，开展对青少年教育，保护青少年成长。

贺：特区政府整体规划各教育阶段《课程框架》及“基本学力要求”，是课程改革与发展的一项重要内容，也是实现优质教育的基本

任务。请问制定这样的“教学基准”与澳门学校长期以来的“教学自主”之间怎样得到平衡？

苏： 澳门中小学课程、教材一直以来由学校自主选择与决定，这给各学校的课程决策提供了足够空间，使澳门各校的课程各有特色。但是，在这种制度的长期作用下，澳门中小学教育质量缺乏一个起码的基本标准，学校之间教育质量也参差不齐。尤其由于教师课务繁重，对教材开发能力不足，很多学校直接套用邻近地区的课程、教材，就不能充分反映澳门本地在社会、经济、历史、文化等方面的特点和发展要求。这不利于澳门社会长远发展。

一个地区总应该有自己的教育基准，教育也应该为本地发展服务。澳门教育应该保持自己优势，让每所学校办出特色，但也要有与本地社会发展方向相配合的教育发展方向，基础教育所应该达到的基本水准。所以，《课程框架》是“框架”，“基本学力要求”是“底限”，即最基本的能力要求，而不是“上限”。

在澳门这样一个有着特定历史文化的社会，政府的课程管理有着自身的一些特点，特别是在课程体制中的政府与学校关系调整上，有很好把握。政府颁布地区课程制度框架，整体规划、明确制定教育基准，教育行政部门应尊重学校的教学自主；学校应以自觉遵守地区的课程制度规定为前提，拥有本校课程的最后决策权，包括制订学校课程计划、选择教材和教学方法、自主开发校本课程等。

“课程基准”与“教学自主”不是必然的矛盾。当然，课程教学基准的设立，要恰当，可以包容学校的多样性，保留学校的自主性。所以，澳门的非高等教育的课程改革，要在这两者之间寻求平衡。

贺：非高等教育的状况，往往与高等教育发展密切关联。我想请教您，在澳门教育发展中，它们有着怎样的联系？

苏：当时考虑修改教育制度时，澳门特区政府教育暨青年局的建议意见稿，虽然以澳门教育制度为题，但内容多围绕非高等教育的范围进行咨询，就高等教育部分，只在澳门的高中与高等教育之间的衔接问题上提上一笔。

在澳葡当局时期，教育部门的中高层都是从葡萄牙派过来的，在澳门当地采取的是“自由教育”方式。因此，澳门教育事业发展缓慢，当地人只有免费的中葡学校和社团组建的私立学校可以就读。20世纪80年代以前，澳门甚至没有高等教育。1981年，澳门成立了第一所大学东亚大学（现澳门大学），我就是东亚大学1983级的学生。

因为升大的去向不同，在很大程度上左右着有高中教育学校的课程设置、教材选用和学业评估，自然也会波及初中甚至小学及幼稚园教育。

回归后，澳门特区的非高等教育发展，促进了高等教育；同样，高等教育发展也拉动了非高等教育的发展。

澳门本地大学发展加速。目前，澳门本地拥有4所公立院校、6所私立院校。近年来，无论在数量还是质量上，都有很大的发展，国际排名逐年上升。这不仅仅使澳门学生选择留在本地读大学的机会大大增加，也吸引内地优秀学生前来报读。

同时，越来越多的澳门高中生选择去内地大学就读，也获得了国家教育部和各高等院校的支持，国家一批“双一流”大学持续扩大在澳门的招生名额，澳门到内地保送生名额几乎翻了一倍，使更多澳门学生有机会到内地名牌大学深造。据统计，大概每三个澳门高中毕业生中就有一个可能会到内地升学，这是一个很好的趋势，表现出他们对国家发展的信心。在内地学习期间，也可帮助他们了解内地、了解国家。毕业后，无论回到澳门还是留在内地，都是好事。

总之，由于高考升学的局面逐步扭转，并发生根本性变化，深入开展课程教学改革的条件就更加充分，优势就愈发显现。

贺：我一直认为办学校就是办文化。为实现优质教育而进行的课程改革，其本质意义也是新时代发展下学校文化变革。您如何看待这一种变革的力量？

苏：在新的时代，社会经济发生了很大变化，学校教育也在积极变革，实现转型。学校转型关键，不是物质条件的改善，而是学校文化的改变，特别是教育教学及其管理观念的更新。

传统学校以知识为中心，往往重选拔考试，学生学习主动性被压抑，教师之间缺乏交流，教学管理机械僵化，课程内容远离生活。这样的文化使学校成为塑造人的“工厂”，不可能培养学生积极生活态度、良好个性、创新才能，也不可能促进人的全面发展。这与当今世界对人的要求格格不入。

回归以来，澳门学校教育发展很快，课程改革日渐深入，教育质量不断提高，催生了多元智能、创思教学、校本管理、活动课程等新思想、新方法，推动着学校进步，但毫无疑问，澳门学校文化的整体变革还任重道远。我早先一直强调，譬如在班级“学习共同体”和学校“学习型组织”文化建设中，凸显学生多元发展，助力教师教学研究，重视探究性学习和自主性发展的教育品质，从学校管理上给师生创造更广阔的空间。这对澳门高等教育或非高等教育的学校发展，都具有深刻意义，甚至对澳门社会经济的长远发展，也至关重要。

贺：谢谢苏局长在百忙之中接受我的访谈。最后，您作为几乎一辈子从事教育的教育界同人，我想听听您对教育的概括与理解。

苏：记得我曾在一次演讲中说过，教育政策应按照不同的地方来制定，理想的教育不单单是高效能的教育、高学术水平的教育，更应该是一个良善的教育，应该是让人类可以达到幸福，有一个基本价值的教育。这也是我这一生从事澳门教育事业的真切体会与经验，愿与大家分享。谢谢！

后记

终于，可以写到“后记”了。

这是一句实话，既包含着万千艰辛，也充满了脱胎之喜。

2020年6月，我在暨南大学华文学院通过博士学位论文答辩。四年在职攻读博士，特别是后两年论文写作的日子，让我越来越觉得“读书趁年少”确实是条真理。好在年少之时的宏大理想最终得以实现，也算是这些年辛苦付出所得到的最好回报。

在做好繁重的日常校务之余，我完全依靠碎片化时间，减少甚至避免各种应酬，经常利用夜深人静寂寥时光坚持学习，终于完成学业。尽管博士学位对我已很不重要，但这段学习经历已超越了一般意义。它再一次开启了我对教育的理解与行动，“把工作当研究做，使研究为工作用”，在学校教育优质化、国际化发展过程中，带领师生不断走向卓越。

这本小书，就是在博士论文基础上经修改而成的。我衷心感谢人民教育出版社的厚爱，使其得以出版。

我从事教育四十余年，其中由内地到澳门从教已近十五年。际遇改变人生轨迹，深感亲历“一国两制”伟大事业教育实践之荣幸。弹指一挥间，该留下些什么献给这块特别的土地呢？

回想当年，不少领导和同事及亲朋好友对我的选择多有不解，居然放弃风生水起的日子，背井离乡重起炉灶。殊不知一颗教育的柔软心，已经结出坚强的茧。内地基础教育小学、初中、高中三大学段，公办、民办、国有民办三种体制，我都一一经历过了。当有可以直接参与“一国两制”下澳门教育的机会时，我就听从内心的声音，怀着“空瓶”的心态，义无反顾地踏上征途，接受新的挑战。

那时起，我想这后半辈子将在澳门度过。如果还有理想，就是兢兢业业办好一所学校，做成特区优质教育的一个样本；如果还有心愿，就是力尽所能写成一本专著，书写我对澳门教育发展的一种解读。因而当年博士论文，从选题、开题，到写作、答辩，我最大的动机就在于寻求课程思想与教育行为的关联，力图从课程学角度，阐述澳门课程变革特点与关键要素，解析它对于学校教育所产生的深刻影响。

确实，因社会制度、教育政策、学校文化、课程生态、师生需求等与内地及邻近地区迥然不同，澳门教育有着“不一样的精彩”。回归后，澳门非高等教育的课程改革，立足于历史与现实，着眼于社会发展需要，极大地推动了特区教育的现代化、优质化进程，其高度、广度和深度为澳门教育史上从未有过，确实值得深入研究与全面总结。

因此，我深深感激那些给予我人生机会并丰富我教育生命的人！他们的大格局、高站位，支持和促使我具备了把内地与港澳教育联系起来，作出比较研究且亲身实践的条件与优势。若有所获，也不枉自己时及中年还改变方向，体验一番生动的教育心路和深刻的人生滋味。

我由衷感谢亦师亦友的博导邵宜教授。他精准而严苛地帮助我确定了一个极具意义的论文选题，符合我的生存场域和工作境况，可使我尽力全面客观地阐述。特别是导师以他深厚的学养，从以问题为导向的研究方法，到确定论文结构、论证材料，都加以悉心指导，使本研究富有成效。我原以为读博仅是做做学问，但与年龄相仿、气度相似的博导在一起，很投缘，特亲切，更多的还是学习治学态度，交流人生感悟！这使我明白做学问的真谛，思想价值观比学术方法论更为重要。

我非常感谢郭晓明教授。初识他时就有他乡遇故知的感觉，当然他的学识涵养远胜于我，每当与他交谈教育哲学、课程理论时，他的高见总是令人折服。当时他任职澳门特区政府教育暨青年局，作为非高等教育课程的主要设计者、推动者之一，他在课程改革中无疑发挥了重要作用。从我征询选题意见开始，直到论文后期修改，他几乎全程给予热情鼓励，释疑解惑，细加指点，还提供许多研究资料供我学习参考。可以说，如果没有他，我的论文写作会“砻糠搓绳——难成条索”。

澳门特区政府教育及青年发展局局长老柏生先生，对教育的理解与把握十分精准，传统文化造诣深厚，为人真诚、谦和、平实。当我在博士论文写作中将部分章节发表于澳门及内地多家报刊时，他总给以肯定并予以指点。这也使我鼓起勇气，把论文修改成书。在本书行将出版之时，他腾出宝贵时间写就序言，内涵充盈，且多勉励，也提示我以后尚可继续研究的方向。

在我捧读到他们各自为本书出版所写的序言时，这些感受更加强烈。我的心里流淌着感动。

在写作过程中，我得到很多领导、师长、朋友的关心与帮助，一直铭记于心。

最早得知我攻读博士学位的，是澳门中联办教青部徐婷部长。她睿智的思想和热情的鼓励，使我明白“学习价值与行动意义相等”的道理，更加坚定了我要让梦想走向现实的信念。

时任澳门特区政府教育暨青年局局长、后转任澳门特区政府高等教育局局长的苏朝晖博士，继任澳门特区政府教育暨青年局局长的梁励女士，先后就回归后澳门非高等教育课程改革兴起、发展、成效等状况接受我的访谈。苏局长不仅畅谈课改指导思想和组织实施，还认真阅读论文初稿，并字斟句酌地写下修改意见，殷切之情跃然纸上。澳门特区政府教育暨青年局前任与现任众位领导，多是这场课改的亲历者，有着宝贵经验，我感谢他们在平时接触中，以多种视角与层面论及课程改革与发展，丰富了我的思考。

令人敬仰的澳门教育界翘楚，如刘羡冰、李沛霖、尤端阳、黎世祺、阮宇华、欧宇雄、何少金等前辈和澳门中华教育会贤达及诸多校长，深耕澳门教育，成就卓越。他们或介绍学校发展历程，或提供课程史料，或讲述从教感悟，或撰写课改心得等，为我的研究提供了思想养料。

我特别感谢我所在的学校。老校长尹君乐先生的爱国思想、敬业精神和对教育的热爱与执着等，令我感佩。他对澳门教育历史与发展的见解，尤其是“教重在德，业精于勤”的育人信念，“扎实基础加特长”的培养模式，成为学校持续发展的宝贵财富。

校董会主席何敬麟博士，在教育情怀、办学主张、跨界思维等方面，具有感召力、创新性。他鼓励学校致力实现优质教育，大胆进行课程教学改革，在传统与现代、本土与国际的结合中寻求教育新路径，使学校发展走上快车道。教业中学教育协进会、校董会的一批领导才俊，对学校工作给予了倾心扶持。

与我终日相处的学校行政和老师们，对我给予大力支持与热情帮助。我们在“以课程建设推动学校发展”的办学实践中共同成长。他们大量的课例、素材、心得，不断撞击我的教育灵魂，不时启发我思考和写作，从而使本书显得较为饱满。

我感谢暨南大学，感谢华文学院，感谢暨南大学驻澳门办事处谢明天、欧瑞镇两任主任和所有给我授过课的老师。在博士论文答辩中，答辩委员会主席王汉卫教授和委员刘华、宗世海、郭晓明、王葆华等教授，还有进行论文盲审的教授们，他们所提意见非常中肯，对我修改论文与后续研究及本书写作，都起到很好指导作用。暨南大学华文学院研管办程红老师工作认真细致，尤其在我答辩前后抱病期间，为我提供很多具体帮助。感谢暨南大学在我学习过程中连年颁予一等奖学金，还有澳门特区政府高等教育局所给予的研究生奖学金。我深深感激苏蕙老师和她的同学，一直以来为我提供多不胜数的帮助和无微不至的关怀，这份情谊是无价的。

单文经教授离任澳门大学教育学院院长回台湾有些年了，但他和他的团队对澳门非高等教育课程研究的影响力犹在。我难以忘记2008年的一个秋夜，他侃侃而谈澳门教育及课程发展史，令我脑洞大开，所赠的一大摞书籍，成了我了解、研究澳门社会经济、历史文化和教育的开始。

澳门基金会行政委员会主席吴志良博士、副主席钟怡博士和中山大学冯增俊、澳门大学王闯、澳门科技大学林广志、澳门城市大学李树英、澳门理工学院林发钦等教授，他们关于澳门的著述对我的思想产生影响，在治学态度、研究方法和发展方向上也对我多有指点，对本书写作起到重要作用。澳门特区政府教育暨青年局课程处前处长、现在华东师范大学课程研究所攻读博士学位的黄逸恒，我们之间常有“头脑风暴”。中华国际文凭学校协会（CISA）的同人们，创新课程思想，交流互动密切，令我大获裨益。澳门中联办、宁波市政协、宁波市委统战部、澳区省级政协委员联谊会、澳门苏浙沪同乡会、澳门中华优秀传统文化协会等领导与朋友们一直以来的关心与支持，我心怀感恩。

我还要感谢当年参加在北京师范大学举办的教育部首期全国骨干校长高级研究班的褚宏启、毛亚庆、陈锁明、洪成文等教授，班主任周小燕、包学杰等老师，李烈、李先启、徐天中、刘可钦、丁安廉等校长同学，他们是良师，是益友。历经二十多年岁月沧桑，我们共同坚守的中国教育理想和同窗间的真挚友情交融在一起，弥足珍贵，成为我无论是在内地还是在澳门进行教育探索的力量之源。引用李先启最近感言："没有高研班，我们不知道自己能飞多高，甚至根本没有想到起飞。"这本书的出版，可谓是我向高研班再交一份迟到的新答卷。

还有，我要深深地感谢我的家人。

一直以来，家是我的幸福港湾，亲人是我的坚强后盾。二十多年前，我在自己第一本教育专著的"后记"里就曾说过，是父母的恩情、妻子的温暖，筑就了家庭之巢，也铺成了事业之路。时光流逝，父亲虽西归，但家添新丁。牙牙学语的小外孙，居然会在好多次晚饭之后，让我快快去写"作业"，真令人忍俊不禁。父亲当年也是这么关照我"以事业为重"啊。

现在我身处异地，最放心不下千里之外身患重疾的老母亲。我无法侍奉左右，老人家反而总是心系于我，一再叮嘱我安心工作，想来实在让人唏嘘。

妻女也因我转换环境而改变生活轨迹，作出了很多让人难以想象的牺牲，令我时常辗转不安。但那份关爱、体贴和鼓励，一直支撑着我的信仰，使我得以全身心地投入教育事业。可以说，如果不是亲人们的爱，我很难坦然走过以往的路程，包括不可能完成今天这本小书。因此，有一种感悟可谓深刻：留得住爱，才守得住家；守得了家，人生才风雨无惧，毅行无阻！

最后，我要感谢人民教育出版社前副社长罗先友先生。他是我所崇敬的资深编辑。在得知我准备把博士论文修改出版时，罗老热情鼓励，积极推荐，并为此书修改与出版提出具体指导。

我铭记，我所敬仰的中国当代教育家顾明远先生，欣然应允为本书题签。这是对我个人研究与实践的最大鼓励，想必也是对回归后澳门教育改革与发展的充分肯定。这将成为我继续走在教育探索之路上的动力。

我感恩，澳门永利关爱基金会陈志玲主席为本书出版所作出的奖掖。“永利关爱”是2018年创立的慈善公益品牌，致力促进澳门及大湾区的繁荣发展，体现企业积极履行社会责任的宝贵精神。这次对本书出版所作的支持，再次反映出他们对于教育的重视与关爱。关爱并成就受教育者一生幸福，这是我与“永利关爱”的最大共鸣。

同时，我由衷感谢澳门霍英东基金会，一直以来秉承霍英东先生崇高精神，春风化雨，造福社会，资助教育，奖扶人才，在本书出版过程中给予我以热情鼓励与大力帮助。

我为自己能生活在一泓暖水中而感到庆幸。借此机会，感谢所有在我生命中相遇的贵人、恩人。这个世界其实很简单，没有什么奇迹。如果一定有奇迹，那只能是每个奇迹背后，都雕刻着努力与扶持，注满幸福与感动！

当前，澳门特区政府为长远规划澳门非高等教育的发展，教育及青年发展局在总结以往经验的基础上，制定了《非高等教育中长期规划（2021—2030）》，提出了包括“优先发展教育”“迈向高质量高公平教育系统”“推动课程与教学改革”“建设专业师资队伍”等新的发展愿景，并赋予顶层设计和指导意义。它以“培养新时代公民”“优化教育生态”“提升学生竞争力”为总目标，确定四个重点发展方向，即“培养家国情怀与国际视野”“发展学生软实力”“提升幸福感”“加强创意与科技教育”，并提出支持各项目标的十大主要措施，为未来十年的澳门非高等教育改革与发展，描绘出一幅壮丽蓝图。

这需要我们坚守澳门特区教育的理想与信念，努力更好地践行“一国两制”伟大事业，在融入国家大湾区发展战略中，积极提供澳门优质教育的多种样本，为贯彻落实“爱国者治澳”贡献一份力量。

新时代，新征程，澳门教育发展任重道远，未来可期。

贺诚

2020年6月10日成稿

2020年8月22日再改

2021年11月22日改定于河江湖海轩